目 录

序

云希正

　　季夏末，文物出版社同志携澳门新建业集团董事局副主席赵兵等一行来访——邀约为该集团藏品集《古韵流觞》作序，并通报该书涉及藏品的流转、鉴定、遴选过程。赵兵先生及其所在的集团长期以来致力于海外文物的征集收藏，其功大，其意诚，其藏亦珍，旋即允诺。研判所呈资料，觉得《古韵流觞》所列器物断代尚可，只是所涉金银器、珐琅、凤冠皇袍等，超出了本人研究重点，需详查比对。又加之古玉器学会活动任务羁绊，花了些时日，稿成已至初秋。

　　"古韵流觞"这本书入选的藏品，大都属于海外回流传世的近代工艺美术品，流光溢彩，其种类、等级和造型精美程度令人惊美不已，目不暇接，过目难忘。我在天津艺术博物馆工作多年，现在该馆与天津历史博物馆合并，改称天津博物馆，平日接触最多的也是传世品。天津是京师的门户，由于地缘和区位的优势，加上人文因素，清宫散佚的珍宝很多流入津门。天津博物馆藏有一些经典作品，在业内享誉中外。但仅就清代工艺美术品一项，两者相比，虽各有所长，我仍感到一些品类较之逊色。两岸故宫、沈阳故宫、承德离宫收藏清代工艺美术品处于主导地位，自不必细说，其他省市级博物馆、民间博物馆和私人藏家，就此项而言，与其也无法比拟。

　　这些文物因系辗转购藏，来源出处和属主不得而知，从而减低一些人文历史研究价值，但从海外征集所得实物来说，其历史、艺术、科学价值不容忽视，而且具有文化传承意义，提供了进一步收藏、研究、展示的物质基础。

　　我通读了全部书稿，结合几位同志的鉴定意见，下面谈一下读后感受和认知：

　　（一）从海外征集回流的这批藏品，宫廷、王室气息浓厚，原持有者多为显贵。

　　入选器物，多采用贵重材料制造，不惜工本，工艺精湛，呈现出珠光宝气、富丽堂皇的气势，符合帝后和王公贵族的等级身份，以及他们审美情趣和追求的时尚。清代特别是乾隆以后，中国传统工艺美术品制作达到前所未有的繁华和辉煌，制作技法登峰造极，佳作层出不穷。书中所选部分文物我认为达到或接近这一高度。下面略举几例，足见一斑。

　　——清代织绣服饰。实物中有清代江南、杭州、苏州三地织造"上用"或"官用"匹料。从机头织金款识得知为清代道光及光绪年间所生产的高等级织物。还有成衣，如清乾嘉时期的明黄色缂丝五彩云龙纹袍（图 50 页）和清明黄色缂丝金龙纹棉甲（图 76-77 页）。前者绣五爪正面金龙九条，周身点缀十二章纹。明黄色、十二章纹只有皇帝才能服用①。后者明皇色缂丝金龙纹棉甲，面料金龙缂丝精细，纹样清晰。上衣下裳各部位用金纽扣联缀，以上两件分别是皇帝或皇太子穿着的礼服和戎服，等级都很高。另外书中所选清代嘉庆年间把乾隆朝所绘"九阳消寒图"缂丝成画（图 70—71 页）。以及缂丝加绣三星图挂屏（图 68—69 页）都是值得关注的欣赏性缂丝艺术佳品。

——清金制诰命夫人点翠凤冠（图 38 页）。清代有诰命所封授的命妇包括皇族中的后、妃、亲王福晋及文武品官的妻子，都可以在受封典礼等场合戴凤冠②。明定陵出土万历孝端皇后嵌珠宝凤冠、绚丽华美，此件凤冠与万历皇后所戴凤冠相比，镶嵌的珠宝少了许多，但冠上有"圣旨"字样和"诰命日月同辉"点翠款识。累丝双龙戏珠纹和九凤金步摇及点翠工艺复杂，制作精细，反映了清代金银细工的高超技艺。

——清掐丝珐琅和画珐琅作品。书中所选掐丝珐琅爪棱花卉纹灯座（图 96、97 页），造型华丽，灯座背底镀金方托内有"乾隆年制"款识，所选另一件金胎錾花画珐琅西洋人物图执壶（图 150 页），无款、金胎、龙首流和曲柄为铜镀金，壶的颈、肩、腹部均有开光，用珐琅彩料绘山水、花卉和西洋人物图，装饰性很强，描绘生动细致，堪称清宫艺术珍品。

（二）从海外征集回流的这批器物，广东清代外销艺术品占有一定份额。

清代工艺美术品很大一部分出自广东地区制作，既供内地需求，也供外销。据清宫档案上记载，宫中陈设品或文玩，如画珐琅烟壶，宫内绘样（纸样或木样），交广州海关承办制作。若宫内需求量大时，令当地自行设计制作，其艺术风格要求与造办处近似③。宫中玻璃厂也从山东和广东调入能工巧匠，参与制作。故宫藏品中有一件铜胎画珐琅灯，在灯帽里面有"粤东祥林店"铭记④。这一切说明广东是宫廷用品的供应地之一。

除此以外，十八、十九世纪外销艺术品的制作在广东盛极一时。乾隆二十二年清政府实行"一口通商"政策，一口指广州口岸。确定十三行成为清政府特许经营管理海路中西贸易的机构。据文献记载，1822 年广州十三行一带有上千余家专营外销商品的店铺，数万匠人专门从事外销工艺品生产制作，涉及各个行业。2013 年 8 月广东省博物馆根据五年来文物征集成果，举办"异趣同辉——广东省博物馆藏清代外销艺术精品展"，展品丰富多彩，美不胜收，与展览同时出版了同名图录⑤。广东省博物馆副馆长阮华端在图录序言中说："广东是中国外销艺术品的生产基地与中转基地。这些既洋溢着中华民族风格和广东本土审美趣味又散发着西洋异国情调的中国外销艺术品，在十八、十九世纪的西方掀起了"中国风"的社会时尚。"图录中参与写作专论的外国友人，也写道："清朝初年，西方人十分渴望了解中国文化的方方面面，在欧洲家居设计中，中国瓷器、漆器和墙纸都是十分时尚的物品。"

由此可见，此书入选的部分回流文藏品，从物品制作时间上看十八、十九世纪占主流，与广东外销艺术品盛行时间跨度相契合，从品类、工艺技法方面看，与广东制作技法相通，真可以说是清代海外流行"中国风"的有力注脚。下面略举几例，可见一斑。

——清金银累丝工艺作品。累丝工艺又称细丝工艺，花丝工艺，我国南宋时期已经出现用金丝编结的金龙⑥。明代定陵出土的金制品说明累丝工艺已经很成熟⑦，到了清代又有进一步发展。广东地区是清代金银累丝制品最发达的地区之一，它生产的银累丝蕃莲纹名片盒⑧，银累丝镀金扇骨⑨，外形纤巧，玲珑剔透。本书入选的清金银累丝作品很多，其中金累丝镂空嵌宝石虫具（图 116 页），仿生态，葫芦形，腹部用累丝制作一鸣虫，活灵活现，这类作品过去所见大多是匏制品，只有王公贵族才舍得用那么高贵的材质，制作如此玩物，怀揣此物，传声共鸣，尽显其身份高贵和风雅。

另一对清金累丝嵌烧宝石猫头鹰瓶（图 128 页）通体累丝嵌红蓝宝石，用蓝宝石做鹰眼，用白色砗磲做鹰嘴，色彩明艳，质量上乘，匠心独具。

——清铜胎画珐琅徽章式牌 16 面（图 20 页）

此套斋戒牌，为铜胎画珐琅，其风格借鉴中东伊斯兰教徽章式造型，前述广东外销工艺品中有大量欧洲贵族订制带徽章纹的广彩瓷餐具，广州所制银器上，也有刻盾形徽章留白菊花纹奖杯，还有黑漆描金徽章纹折扇，看来广州制造带有徽章纹的外销工艺品，涉及个个门类，因此这 16 件戒牌也不排除是广东地区制造。

——清铜烧蓝鸟纹长方烟盒（图 171 页）

铜胎镀金烧蓝，工艺精细，以百花不露地的形式彩绘各种花鸟纹，是广东外销工艺品种的精品，与广东所制作的名片盒同样享誉欧美。

（三）从海外回流的这批宗教文物，其中两件藏式佛塔令人瞩目。

清代佛教中的藏传佛教受到统治者的重视，各种宗教文物中以藏传佛教佛像、法器、供器、唐卡最为多见。本书入选的两件藏式佛塔，体量大，结构严谨，作工精，用材名贵，装饰华丽，较为罕见。

其一清青金石佛塔，（图283页）造型庄严，比例匀称，色彩艳丽，做工精细，属藏式佛塔，佛龛尚有金镶玉刻"无量寿佛"，是置于佛案上的供养佛。

其二清金累丝嵌宝石烧蓝宝塔（图22页），塔身庄严，用材名贵，在佛塔制作等级上以奢华的工艺取胜，以上两塔出处不详，不排除为宫廷佛堂中的宗教文物。

（四）这批海外回流藏品，从上世纪八十年代以来，可以说是回流藏品中的重头戏，而且都是传世品，为了谨慎起见，本书编审特地约请接触和熟悉宫廷文物的专家、学者帮助鉴定把关，并请相关专家写了每件文物的图版说明和每个单元的专论，非常专业，非常谨慎。凡重点文物的风格、特点、工艺技法、功用都做了交待。专家们对确定制作年代时不是简单的以现有款识为依据，而是根据材质、造型、纹饰、工艺整体风格、特征并参照已有典型宫廷器物作比较来确定，对于不具款识的文物，在年代确定上，区分为十八、十九世纪，这也是业内通行的做法。

我相信诸位通览这本书后，一定会感到开卷有益，甚至爱不释手，从中领略中国清代工艺美术的光辉和灿烂。以上是为序，并预祝本书出版发行成功！

乙未羊年初秋于天津

注　释：

① ② 周锡保：《中国古代服饰史》，中国戏剧出版社，1996年9月再版。

③ 夏更起：《大百科全书·文物博物馆卷》，清代宫廷器物·鼻烟壶条目。

④ 朱家溍：《铜胎画珐琅》《文物》，1960年1期。

⑤ ⑧ ⑨ 广东省博物馆编：《异趣同辉——广东省博物馆藏清代外销艺术精品集》，岭南出版社，2013年8月出版。

⑥ ⑦ 国家文物局主编：《中国文物精华大辞典·金银玉石卷》，上海辞书出版社、商务印书馆，1996年联合出版。

云希正，男，1936年4月出生，天津市武清县，汉族，中共党员，研究馆员。1960年毕业于天津新华业大历史系，曾任天津市艺术博物馆长，现任国家文物鉴定委员会委员、中国文物学会玉器研究会常务理事。

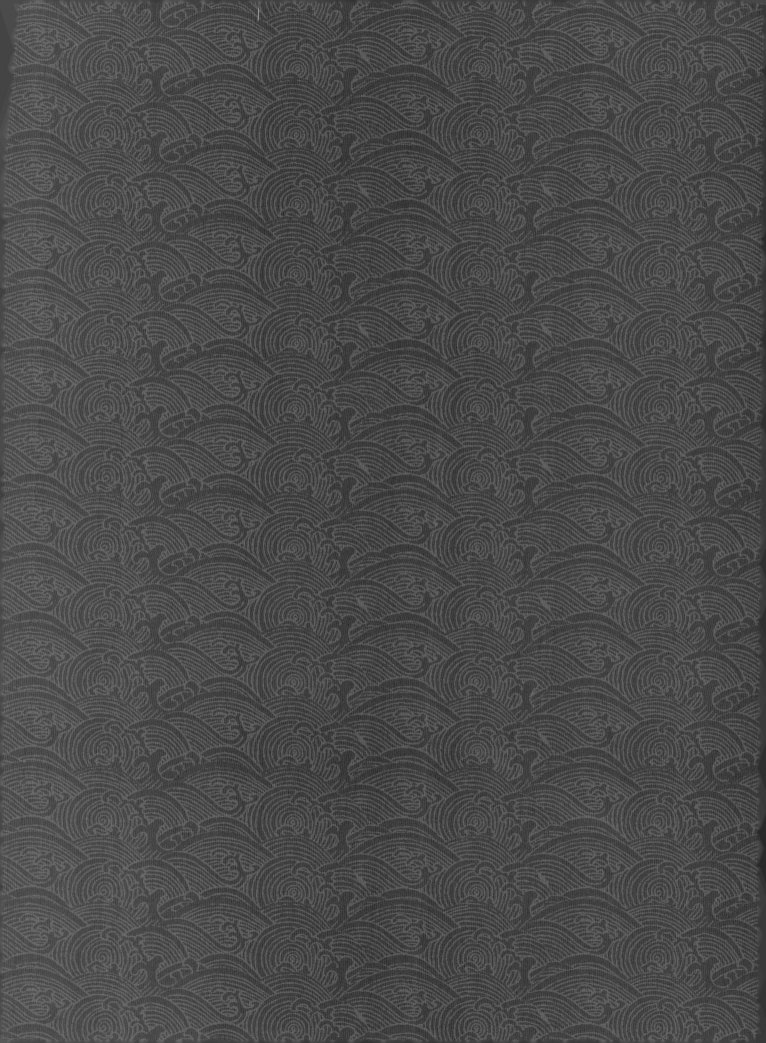

清朝起源于中国东北的建州女真部，1616 年，努尔哈赤建立了后金。20 年后，皇太极改族名为满州，改国号为清。1644 年，清军趁中原内乱，攻入山海关，占领北京，并花费几年时间逐渐打败了各地的割据势力，建立了中国历史上最后一个封建王朝——清朝。

清朝在中原立足之后，在国内面对比较复杂的宗教形势，东北有满族传统的萨满教，中原地区有传统的佛教、道教以及各自的分支教派，西北地区面临伊斯兰教新旧教派之争，西藏地区黄教兴起，同红教不断争斗。同时，随着大航海时代的到来，西方的基督教各派纷纷来华，带来了西方的科学技术，也带来了东西方的思想纷争。为巩固统治，清朝统治者实行了多样化的宗教政策。基本上可以概括为：崇儒重道、贬抑仙佛、扶植黄教、用围除新、反教排外。

清朝政府深信儒家思想有利于统治政权的巩固，顺治十年(1653)四月，礼部遵旨将"崇儒重道"定为基本国策，于各省设立学宫，令士子读书，各治一经，以培养教化。清朝时中国传统的道教和佛教已经趋于衰弱，但在社会中仍具有很大的影响力，清政府出于巩固统治的考虑，疏远佛道二教，从而使其进一步衰落下去。佛、道中人为求自存之策，一方面附会儒学，竭力强调儒、释、道三教同源；另一方面又将势力渗透到蓬勃兴起的民间宗教中去，给民间宗教各派的教义、思想信仰等以极大影响。而佛教中的藏传佛教在清朝却受到了统治者的重视，清朝对藏传佛教进行了改革，振兴黄教，树立正统，打压红教，取缔异端。清代的伊斯兰教学者受孔孟儒家思想文化的影响颇深。为抵制清廷的高压政策，他们大力宣传回（伊斯兰）教和儒学道本同源，甚至连语义也相同。这就使伊斯兰教深深地扎根在中国的土地上。对外来天主教,实行反教排外政策。清朝统治者任用传教士进行修改历法、传播学术等工作，对于教会传教、反儒教等行为进行抵制。

清朝皇室、勋贵、文武大臣等会定时进行祭天地、礼佛道等宗教行为，祭祀等有严格的规定，各种行为必须符合规格。反应宫廷宗教的器物除了制作精美的法器、供器之外，宗教绘画主要有不同质地、各种工艺的唐卡，造像有金、银、铜、铁、宝石、陶瓷、泥各种质地，以金、铜造像为主，造型多样，工艺精湛，通过它们我们可以管窥清代宗教的一隅。

金累丝嵌宝玉石法器

18 世纪
直径 4.5 厘米

　　此法器为菱花形，上挂一圈金累丝绳纹带。通体金累丝嵌各种彩色宝石烧蓝，法器中嵌宝石八卦纹饰，图纹外是由四个带有莲花座的金刚杵装饰，金刚杵的杵头从中心点向四大方位散射，象征绝对的定力，构成水平十字金刚杵。菱花形四周以花卉纹衬托，法器正下方嵌三颗珍珠法器纽。整体造型比例得当，形体自然秀丽，通常为上层高僧所用。

Gold Filigreed Talisman Inlaid with Gems

18ᵀᴴ Century
Diameter: 4.5cm

白玉念珠

18 世纪
周长 66 厘米

　　念珠亦称"念佛珠"，是法器中佛教僧众携带随行的生活器具之一，常用以念佛号或经咒时计数，象征功德、佛性、吉祥和圆满。此白玉念珠由一百零八颗和田白玉珠串成，以四块云南红宝石等分，红白相间。

　　念珠用材不一，颗数有十八、二十七、五十四、一百零八之分。使用颗数不同，所代表的意义亦有分别。珠数最多为一百零八颗，在佛教中代表正八百昧，消除一百零八种烦恼。

JADE PRAYER BEADS
18TH CENTURY
CIRCUMFERENCE: 66CM

满地衣线绣唐卡

18 世纪
布本设色
130×50 厘米

　　此唐卡用双股捻线入绣，采用平针、滚针、套针
等针法绣无量光佛。无量光佛即无量寿佛，其尊身如
"百千亿夜摩天阎浮檀金之色"，光明无量，普照十方
世界，为显密各宗派所共奉。此幅唐卡无量光佛居中，
头现佛光，现金色身，螺发高髻，莲台下承须弥狮子
座，其后衬绘繁花点缀。其双目微垂，双耳垂肩，表
情平淡，面相慈祥，单跏趺坐，衣纹用滚针勾勒，写
实自然。主尊四周绘小无量光佛共七尊，象征佛光无
量。整幅画面隙间处描绘出祥云、青山、流水、飞仙
等，画面生动。

　　双股捻线绣又称为衣线绣，整体纹样粗犷简约
而质朴。清代以衣线做刺绣已是鲜见，此幅唐卡绣法
展示粗中有细，为衣线绣佳作。

THANGKA SHAKYAMUNI BUDDHA
18ᵀᴴ CENTURY
INK AND COLOR ON CLOTH
130×50CM

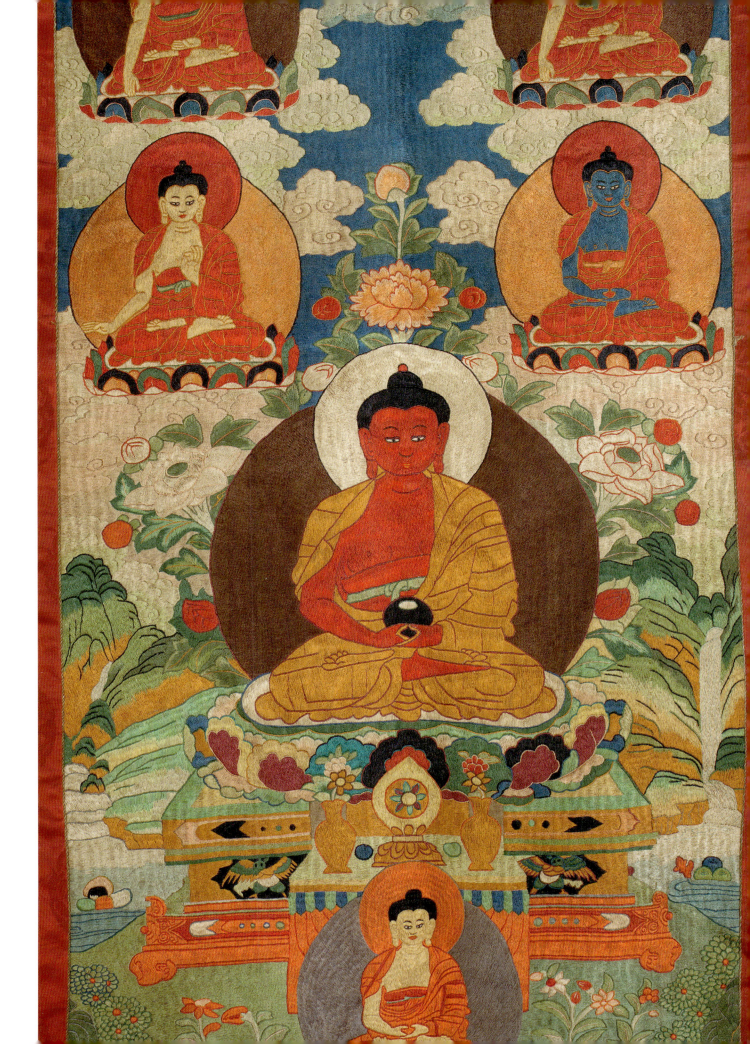

铜胎珐琅彩徽章式斋戒牌（16 面）

19 世纪
尺寸不一

此套斋戒牌为铜胎画珐琅，其风格特征借鉴了中东伊斯兰教徽章式造型，用料考究，新颖别致，做工精良。斋戒牌常见质地有玉、翡翠、琥珀、织物、金属胎画珐琅、瓷胎画珐琅等，形状多样，常见有葫芦式、椭圆形、蝠桃式、长方形、菱花形等，正、反两面分别装饰汉文和满文"斋戒"二字。

清时期参照明代祭祀人员佩戴祀牌的先例，要求其各官员祭祀、斋戒时将斋戒牌佩戴胸前，彼此观瞻，以示恭肃、竭诚之心。康、雍时期斋戒牌最为流行。

PAINTED ENAMEL DECORATION BRONZE PLAQUE

(16 PIECES)
19TH CENTURY
DIFFERENT SIZES

金累丝嵌宝石烧蓝宝塔

19 世纪
高 70 厘米，底边 26×26 厘米

佛塔，梵语译音"堵波"，意为供奉之地，起源于
印度。用于存放诸佛、菩萨、高僧、祖师等的遗骨舍
利或佛经，并用于供养膜拜。

藏传佛塔一般由基、身、颈、刹组成。此塔依
照藏传佛教中覆钵塔式样，由日月宝珠塔顶、累丝填
珐琅梵文十三级塔刹、覆钵式塔肚、金刚杵纹束腰
方形塔座等几部分组成。日月和承露盘象征"苍穹"，
十三级塔刹表示修成正果的十三个阶段，覆钵式塔
身象征功德圆满，方形塔座象征"须弥山"。此塔身
正面内镶莲瓣形佛龛，龛内供佛像一座，佛像有莲
瓣式背光，结跏趺坐，端正庄严，塔像合一。塔遍身
镶嵌装饰绿松石、青金石、珊瑚等，用材名贵，装饰
华丽。

GOLD FILIGREED ENAMELLING BUDDHIST PAGODA INLAID WITH GEMS
19TH CENTURY
HEIGHT: 70CM LENGTH OF BOTTOM: 26×26CM

铜胎十二生肖斋戒牌 (12 面)

19 世纪
尺寸不一

　　这是一组十二枚斋戒牌，其造型基本一致。主体均为椭圆形，铜胎质地。牌身正面分别绘中国传统的十二生肖图案，鼠、牛、虎、兔、龙、蛇、马、羊、猴、鸡、狗、猪，画面写实生动，惟妙惟肖。背面是梅花图，梅花栽种于花盆之中，花盆为灯盏形，四足着地，做工精巧。

　　古人祭祀前必沐浴更衣，禁酒肉以示虔诚庄敬，称之为斋戒。此套十二生肖斋戒牌是当时祭祀、斋戒、生活、纪年的生动再现。

BRONZE PLAQUE PAINTED WITH ZODIAC (12 PIECES)
19TH CENTURY
DIFFERENT SIZES

金镂空开光菩萨坐像

19 世纪
高 30 厘米

　　此观音菩萨面相浑圆，双目俯视，神态沉静祥和。头戴花冠，高扁发髻前雕阿弥陀佛小像，双垂耳珰，修眉朗目，袒上身，璎珞、臂钏雕饰精美。腰束长裙，衣褶折叠流畅。双肩搭帔帛，帔帛自双肩绕臂婉转于身侧。全跏趺坐于单瓣莲花宝座上。右手施与愿印，左右手各握莲花茎支撑在莲座上，莲花开在两肩之侧。单瓣莲花宝座上缘饰一圈联珠纹，下承折角束腰方形须弥座。背光为菱花形，外圈镂空錾刻火焰纹，内圈镂空錾勾宝相花。背光和须弥座均嵌有珊瑚、青金石、松石。此菩萨坐像神态端庄，錾功精湛，工艺精美。

STATUE OF BODHISATIVA CARVED IN
OPENWORK
19TH CENTURY
HEIGHT: 30CM

青金石佛塔

〇〇〇〇〇〇〇〇〇〇〇〇〇〇

18 世纪
高 63 厘米，底径 26 厘米

〇〇〇〇〇〇〇〇〇〇〇〇〇〇〇〇〇〇〇〇〇

　　青金石藏式佛塔，整体由塔顶、塔身、塔座三部分组成。下承陀螺形嵌松石宝相花纹三层基座，座上置金仰覆莲花宝台，台上置青金石塔。顶部饰嵌松石、青金石日月形宝顶，垂饰珍珠璎珞，下为宝盖形天盘和十三相轮。十三相轮及塔身均为青金石装饰。塔身内空，正面饰有莲瓣形佛龛，佛龛上方为金镶玉刻"无量寿佛"四字。此塔造型庄严，做工细致，色彩艳丽，属供养塔，一般置于佛前供案上。

LAPIS LAZULI BUDDHIST PAGODA
18TH CENTURY
HEIGHT: 63CM DIAMETER: 26CM

無量壽佛

铜胎画珐琅五供（一套五件）

四世纪
炉高 22.4 厘米，烛台高 28.8 厘米
花觚高 22.8 厘米

　　五供由香炉一只、花觚一对、烛台一对组成。炉平口，束颈，球腹，三蹄足，上冲双耳；花觚敞口，球形腹，圈足；烛台斜长颈，上下两层托盘，座束腰，溜肩，弧腹，近足处外撇，圈足。此套五供为画珐琅工艺制作，器内及底均施以绿松石釉，外壁以黄色为地，通体釉上彩绘锦花纹。香炉、花觚、烛台上均有四开光，开光内绘山水图案。器口等边缘处镀金，花觚和烛台的近足处饰蓝色花纹一周。

　　五供是明代晚期至清代流行的礼器，供烧香、明灯、献花之用。在流传过程中往往散失不全，成套传世者甚少。此整套五供造型优美，做工精致。

COPPER CORE PAINTED ENAMEL FIVE
SACRIFICIAL VESSELS (A SET OF FIVE)
19TH CENTURY
CENSER HEIGHT: 22.4CM
CANDLESTICK HEIGHT: 28.8CM
VASE HEIGHT: 22.8CM

清代的纺织业，无论是纺织工具还是纺织技术、织物的品种，都是我国封建社会纺织手工业的最高峰。

织绣品主要包括服饰、材料、陈设用织绣品和织绣书画四大类。其中服饰类有成衣、冠帽、冠杂、靴鞋袜、佩饰、佛衣、活计等；材料类有锦、缎、绫、罗、绸、纱、绢、绒、缂丝和棉布等；陈设用织绣品有铺垫、坐褥、靠垫、迎手、椅披、门帘、帐子、围幔、被子、枕头、桌围等；织绣书画则以书画、诗文为蓝本，运用织、绣等工艺技法加以艺术再现，装帧形式有轴、卷、册、条屏、屏风、扇面、镜心等。

工艺方面，清代宫廷用织绣品多产自江南的江宁（今南京）、苏州和杭州三处官营织造局。三处织造各有所长，江宁以妆花织造取胜，苏州擅缂丝，杭州以刺绣见长。江宁织造局主要制织大红蟒缎、大红缎匹、金拆缨、各种制帛、各色驾衣、丝绸和线罗等。皇宫中御用锦缎多由江宁制造，由于锦缎花色瑰丽多姿，美似云霞，而被称为云锦。云锦诸品种中的妆花是在缎地上以各色彩纬用"通经断纬"的方法"挖花妆彩"而织造出来，花纹配色可多达二三十色，色彩变化丰富、配色自由，没有任何限制，加饰的大量金银线，使锦面金彩辉映，鲜艳富丽，是当时织造工艺技术最高成就的代表。宫中所用的缂丝、刺绣品多产于苏州，苏州织造局常承担各种绣活和各类布匹的采买。其丝织品分为"上用"及"官用"两类，丝织品有绫、罗、绸、缎、纱等，尤以织宋式锦著称。杭州织造局主要织制纺丝、绫、各色丝线和长短不一的画绢等，主要丝织品有绸、杭纺、杭绫、帛等。不同制造局织出的布料上机头均有织造款，如"杭州织造臣盛桂"、"江宁织造臣高晋"等。江南三大制造局规模庞大，资力雄厚，分工细致，管理严格，工艺精湛，代表了清代织造技术发展的最高水平。

满人入关后，为了巩固统治并保持满族特色，在全国推行剃发易服制度，主要标志是缨帽箭衣和辫发，服装变化体现在改宽衣大袖为窄袖筒身；衣襟以纽襻系扣，代替汉族传统的绸带；领口变化很多，但没领子，另加领衣；在完全满化的服装上沿用了汉族冕服的十二章纹和明代官员的补子等。

清代服饰制度十分严格，上自皇帝、后妃、皇子亲王、宗室皇亲，下至文武百官、侍卫、侍臣，均按规定穿戴冠服。据《钦定大清会典图》规定，清冠服可划分为礼服、吉服、常服、行服、雨服五大类。礼服在举行重大典礼和祭祀时所穿，规格最高。礼服下又分为朝冠、端罩、衮服、朝服、朝珠、朝带等。吉服在重大吉庆节日和祭祀主体活动前后使用。吉服下又分皇帝的吉服冠、龙袍、吉服带；皇后、皇太后、嫔此外另有龙褂；皇子以下无龙袍，有蟒袍，再以下无蟒袍；皇子福晋以下无龙褂，有吉服褂和蟒袍，再以下俱无。常服是在各类服装中穿的较多的一种，包括常服冠、常服褂、常服袍等。行服是君臣在巡幸、狩猎、出征、战事归来等大型活动时所穿，包括行冠、行褂、行袍、行带、行裳等。雨服是用来防雨雪的冠服，包括雨冠、雨衣、雨裳。此外还有便服，是宫中的日常生活着装，有氅衣、便袍、马褂、坎肩、袄、裤、斗篷等。

机杼斗巧，织作佳丽，在我们领略各色织绣服饰华丽风尚的同时，也是对清代历史文化、宫廷生活、艺术审美的一种追寻和探索。

沉香色缎潮州平金绣四爪金龙挂屏

18 世纪
190×208 厘米

此沉香色素缎地，平金绣四爪金龙五尊，海水江崖祥云，内饰沉香色暗花绫里。平金绣所用金线细匀柔软，质感挺实，金色光亮华丽，平金绣针法规矩齐整，龙眼部用棉芯垫高突出龙眼神韵，是潮州地方绣精品。

HANGING SCREEN OF SATIN CHAOZHOU EMBROIDERED WITH GOLDEN DRAGON DESIGN
18TH CENTURY
190×208CM

大珍珠朝珠

19 世纪
周长 149 厘米

　　朝珠由 108 颗大珍珠串成，每隔 27 颗加入一颗青金石结珠，上端结珠连接绿松石佛头，明黄色丝绦与金嵌绿松石背云相接，中间有翠玉水晶节牌，下有白水晶坠角。朝珠两侧有纪念三串，每串穿黄玉珠十颗，下垂白水晶佛塔坠角。

　　清代根据身份、等级和场合的不同而使用相应材质的朝珠。串连朝珠的绦用丝线编织，颜色等级分明。明黄色绦为皇帝、皇后和皇太后使用；全绿和金黄色绦是王爷所用；武四品、文五品及县、郡官为石青色。

A STRING OF COURT BEADS MADE OF PEARLS
19TH CENTURY
CIRCUMFERENCE:149CM

金制诰命夫人点翠凤冠

18 世纪
高 34、直径 22 厘米，重 860 克

　　金制凤冠，局部地方施以点翠。点翠黄蓝相间，色彩艳丽。凤冠是工匠奉命为诰命夫人制作。前箍上方有九凤金步摇，凤腰嵌珍珠，凤尾嵌红宝石。冠顶累丝双龙戏珠纹，火焰中嵌红宝石一颗，并有点翠"诰命日月同辉"款字，是古代为一品诰命夫人制作的凤冠。凤冠是古代皇帝后妃的冠饰，其上饰有凤凰样珠宝。明清凤冠是皇后受册、谒庙、朝会时戴用的礼冠。凤冠口衔珠宝串饰，金龙、翠凤、珠光宝气交相辉映，富丽堂皇。

GOLDEN PHOENIXES CORONET INLAID WITH
KINGFISHER FEATHERS AND JEWELS
18TH CENTURY
HEIGHT:34CM WIDTH:22CM WEIGHT:860G

诰命夫人点翠凤冠

18 世纪
高 39、直径 22 厘米，重 433 克

金制诰命夫人凤冠，通体以点翠工艺镶制，刘海前饰御花篮垂缨九凤坠，后顶饰金点翠四尾凤七只，冠正中镶红宝石一颗，四周以点翠云龙、菊、莲为饰。是清代为一品诰命夫人制作的凤冠。凤冠口衔珠宝串饰，用不同色彩的翠鸟羽毛对凤凰的各个部位加以点缀，色彩丰富，珠光宝气交相辉映，富丽堂皇，工艺精湛。

GOLDEN PHOENIXES CORONET INLAID
WITH KINGFISHER FEATHERS AND JEWELS
18TH CENTURY
HEIGHT:39CM WIDTH:22CM WEIGHT:430G

诰命夫人点翠金凤冠

18世纪
高33，直径20厘米，重900克

　　金制诰命夫人凤冠，冠前为九只口衔活环璎珞布撰的金凤，凤凰背嵌珍珠，尾嵌红宝石。羽翅施以点翠，黄绿相间，金碧辉煌。冠顶饰累丝双龙戏珠，火焰中嵌大粒随形宝石一粒，火焰珠下有点翠"王旨"二字，是清代为一品诰命夫人制作的凤冠。凤冠累丝工艺细腻精致，金龙、翠凤、珠宝串饰造型生动，纹饰寓意吉祥，奢华富丽。

GOLDEN PHOENIXES CORONET INLAID
WITH KINGFISHER FEATHERS AND JEWELS
18TH CENTURY
HEIGHT:33CM WIDTH:20CM WEIGHT:900G

元青色地缂丝四季花鸟图屏心

18 世纪
92×150 厘米

　　此图屏设色为元青色地，间有红、黄、白等色彩。图屏主体为一株梅树，枝干高大挺拔，梅花洁白繁密。梅树下盛开兰花、荷花、菊花等花卉，共同组成了四季花卉图。几只小雀飞翔于枝叶花海之间，给人以欢快感。整幅画面色彩鲜艳，热烈欢快，具有较强的装饰效果。

　　此图屏采用了构缂、平缂、掼缂、搭梭、长短线等技法，织造技法娴熟，手法均匀、力度统一，经纬疏密一致。

HANGING PANEL G OF GREEN SILK
TAPESTRY WITH BIRDS AND FLOWERS
DESIGN
18TH CENTURY
92×150CM

明黄色缂丝蓝龙图屏

18 世纪
172×198 厘米

　　此图屏明黄色地，图上绘缂织五爪蓝龙
五尊。主体蓝龙龙头向前，龙身盘绕。其他
四龙围绕中间巨龙，两两相对。五龙翱翔于
云层之间，口中均喷出巨大的火球，爪中抓
有红色圆球。图屏运用了齐缂、戗缂、套缂、
构缂、缂鳞、缂金等多种缂织技法，晕色层
次丰富，过渡和谐自然，富有立体感和质感。
尤其是龙鳞以赤、黄二色金线缂织，细致入微，
逼真传神。

HANGING PANEL OF BRIGHT YELLOW
SILK TAPESTRY WITH DRAGON
DESIGN
18TH CENTURY
172×198CM

明黄色云龙纹妆花缎团补匹料

18 世纪
820×76 厘米

　　此团补面料为缎纹地，以妆花技法织彩云金龙纹四团。织工娴熟精巧，提花清晰细致，线条清晰流畅，纹样疏朗有致，金线匀细，面料柔软平滑，织造工艺精细。团补匹料用于服饰将团龙裁剪，缀于袍服上，代表了清云锦织造的高超水平。

DRESS MATERIAL OF BRIGHT YELLOW SATIN WOVEN WITH DRAGON AMONG CLOUDS DESIGN
18TH CENTURY
820×76CM

明黄色缂丝五彩云龙纹袍

18 世纪
210×124 厘米

　　此袍形式为圆领，右衽大祍，右襟钉錾花扣四枚，四开裾，素接袖，马蹄形袖端。马蹄袖、缘、錾花扣等处经过拆改。明黄色云龙纹实地纱面，明黄色暗花绸里。袍身用五彩丝线和二色圆金线以妆花技法织五彩云龙纹。共绣五爪正面金龙九条，下摆绣八宝立水。周身点缀十二章纹，五彩流云及万字、蝙蝠、如意、灵芝等杂宝纹。

　　龙袍所绣花纹运用了套针、齐针、接针、滚针、盘金、钉线、平金等多种针法。海水层次丰富，由红、蓝、绿、黄、绛五色组成，五色以白色相间，并用盘双金线作为分界线。云纹以蓝色为主色，配以绿色和白色。

COURT ROBE OF BRIGHT YELLOW SILK
TAPESTRY WITH COLORED CLOUDS AND
DRAGON DESIGN
18TH CENTURY
210×124CM

红色缂丝四爪金龙纹图屏

18 世纪
196×200 厘米

此图屏以平缂、掼缂、勾缂、搭梭等技法缂织而成。

图屏以红色缂丝为地，屏中布满形态多姿的云朵。五尊"四爪金龙"翱翔于云层之中，若隐若现。图屏主体纹饰为一尊面向前方的金龙，张牙舞爪，威武不凡。左右两龙面向中间的金龙，似乎在护卫它。三龙之上为一轮欲冲出云层的红日，红日旁边为两尊横身飞翔的金龙，两龙相向而飞，盘旋于中间金龙之上。图屏层次清晰，缂丝技法娴熟，没色和谐。

HANGING PANEL OF RED SILK TAPESTRY WITH GOLDEN DRAGON DESIGN
18TH CENTURY
196×200CM

红色团龙纹妆花缎迎手匹料

19 世纪
800×77 厘米

此件匹料织造于清光绪年间，是中国传统织造工艺难度最高的云锦品种。采用与缂丝相似的通经断纬挖花妆彩工艺，长跑梭织地纬，小梭妆花纬挖织显花。两行团龙图案用于宫廷宝座等处的迎手面料，红色地，首尾部各有金线界格。机头织金款识"杭州织造臣盛桂"是光绪时期管理杭州织造监管南北新关税务臣盛桂的名款。织造精细、运梭流畅、彰显了皇家用品的奢华尊贵。

DRESS MATERIAL OF RED SATIN WOVEN
WITH MEDALLION OF DRAGON
19TH CENTURY
800×77CM

绿色四合如意云龙纹妆花缎匹料

◇◇◇◇◇◇◇◇◇◇◇◇◇◇◇
19 世纪
850×77 厘米
◇◇◇◇◇◇◇◇◇◇◇◇◇◇◇

　　云锦，可分库金、妆花、库缎三大工艺。其中妆花和库金均是明、清两代御用贡品中的高级织物。此件匹料织造于清道光年间，是中国传统织造工艺难度最大的云锦品种。采用与缂丝相似的通经断纬挖花妆彩工艺，长跑梭织地纬，小梭妆花纬挖织显花。图案为南京云锦的标志性图案云龙纹。织面金色饱满，成色十足，首尾部各有金线界格，以示首尾皆全。机头织金款识："江南织造臣七十四。"织造技艺精妙，运梭流畅，是清代妆花缎佳作。

DRESS MATERIAL OF GREEN SATIN WOVEN WITH
DRAGON AMONG CLOUDS AND HEADPIECES OF
RUYI-SCEPTRE IN CHECKS
19TH CENTURY
850×77CM

明黄色四合如意云龙纹妆花缎匹料

19 世纪
880×77 厘米

　　此件匹料织造于清道光年间，是中国传统织造工艺难度最高的云锦品种。采用与缂丝相似的通经断纬挖花妆彩工艺，长跑梭织地纬，小梭妆花纬挖织显花。图案为南京云锦的标志性图案云龙纹。织面金色饱满，成色十足，黄色地，首尾部各有金线界格，以示首尾皆全。机头织金款识："江南织造臣七十四"。织造技艺精妙，运梭流畅，是清代妆花缎佳作。

DRESS MATERIAL OF BRIGHT YELLOW SATIN WOVEN
WITH DRAGON AMONG CLOUDS AND HEADPIECES OF
RUYI-SCEPTRE IN CHECKS
19TH CENTURY
880×77CM

石青色四合如意云龙纹妆花缎匹料

19 世纪
818×78 厘米

　　此件匹料织造于清道光年间，是中国传统织造工艺难度最高的云锦品种。采用与缂丝相似的通经断纬挖花妆彩工艺，长跑梭织地纬，小梭妆花纬挖织显花。图案为南京云锦的标志性图案云龙纹。织面金色饱满，成色十足，石青色地，首尾部各有金线界格，以示首尾皆全。机头织金款识："江南织造臣七十四"。织造技艺精妙，运梭流畅，是清代妆花缎佳作。

DRESS MATERIAL OF CYAN SATIN WOVEN WITH DRAGON AMONG CLOUDS AND HEADPIECES OF RUYI-SCEPTRE IN CHECKS
19TH CENTURY
818×78CM

红色四合如意云龙纹妆花缎匹料

19 世纪
845×77 厘米

　　此件匹料织造于清道光年间，是中国传统织造工艺难度最高的云锦品种。采用与缂丝相似的通经断纬挖花妆彩工艺，长跑梭织地纬，小梭妆花纬挖织显花。图案为南京云锦的标志性图案云龙纹。织面金色饱满，成色十足，红色地，首尾部各有金线界格，以示首尾皆全。机头织金款识："江南织造臣七十四"。织造技艺精妙，运梭流畅，是清代妆花缎佳作。

DRESS MATERIAL OF RED SATIN
WOVEN WITH DRAGON AMONG
CLOUDS AND HEADPIECES OF
RUYI-SCEPTRE IN CHECKS
19TH CENTURY
845×77CM

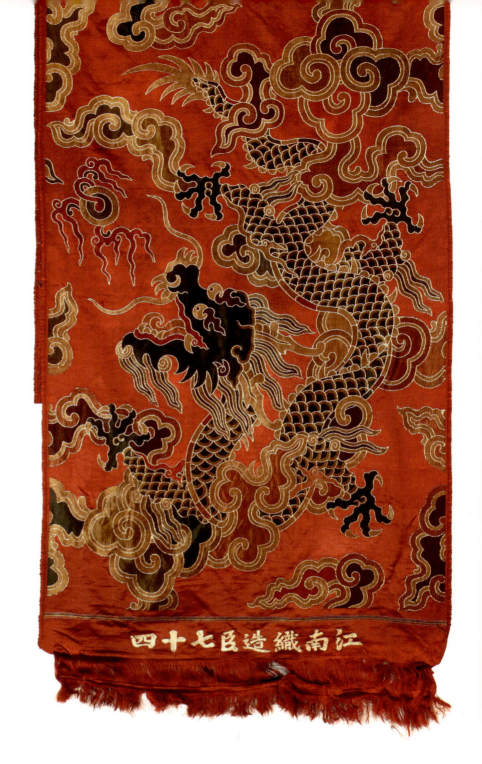

明黄色五彩云龙纹妆花缎坐褥面

◇◇◇◇◇◇◇◇◇◇
19 世纪
134×144 厘米
◇◇◇◇◇◇◇◇◇◇◇◇◇◇◇◇

　　此为清宫用坐褥面，正中饰团龙祥云，四角饰行
龙，边饰海水江崖纹。坐褥面用小梭妆花纬挖织显花，
织面金色饱满，成色十足，运梭流畅，纹样清晰，织
造工艺精妙。

CUSHION MATERIAL OF BRIGHT YELLOW
SATIN WOVEN WITH DRAGON AMONG
CLOUDS DESIGN
19TH CENTURY
134×144CM

香色纳纱绣四爪金龙图屏

18 世纪

190×190 厘米

　　此图屏底料为香色素方孔纱，织造精细，纱孔规矩。以钉金绣针法绣四爪金龙五尊，以正一丝串、二丝串针法纳纱绣祥云等纹饰，四周钉金绣行龙纹边。擘丝均匀，施针规整平齐，针脚简捷，纱孔通透，晕色自然，是清代皇室的佛堂用品。

PETIT-POINT GAUZE HANGING SCREEN
WITH PATTERN OF GOLDEN DRAGONS
18TH CENTURY
190×190CM

黄色纳纱九龙纹条屏

18 世纪
77×196 厘米

　　此条屏底料为素方孔纱，织造精细，纱孔规矩。以钉金绣针法绣九条金龙，以正一丝串、二丝串针法纳纱绣海水江崖、暗八仙红蝠、祥云等纹饰。擘丝均匀，施针规整平齐，针脚简捷，沙孔通透，晕色柔和自然，彰显了皇家内饰品的尊贵。

米色地缂丝牡丹孔雀图

18 世纪
203×139 厘米

　　此图以写实手法再现了牡丹、双雀、山石、花鸟的生动意态。缂织技法追摹原稿本之意趣,采用平缂、长短戗、构缂、木梳戗、搭缂等技法精细地缂织。树干、鸟羽、花朵等细部晕色无着笔,力求逼真。通幅缂织经纬疏密均匀,构图层次分明,配色自然雅致,颇具绘画之神韵。

　　缂丝是中国丝织工艺的一种,以"通经断纬"为基本技法,即以本色丝作经,各色彩丝作纬,根据纹样的轮廓或色彩的变化采用不断换梭和局部回纬的方法织制图案。内容有花鸟草虫、山水风景、人物故事、吉祥图案、诗文法书及佛像梵经等。

SILK TAPESTRY OF PEONY AND PEACOCK
DESIGN
18TH CENTURY
203×139CM

蓝色缂丝加绣三星图挂屏心

18 世纪
113×268 厘米

　　此挂屏心为乾隆朝所绘 "三星图"。 刺绣技法娴熟，巧妙地运用了抢针、套针晕色、平针、斜缠等针法绣细微之处，将人物、景色描绣得。惟妙惟肖。

　　画面缂御笔行书"锡美增龄"及韵文《三星图颂》：箕畴五福，居一斯寿。富即禄也，继而为偶。曰寿曰禄，资福以受，必有司焉。丽天拱斗，旭日和风，松苍花茂。境乎仙乎，神霄携手，相好天福，垂皼佩玖。司禄抱子，肫然慈母。众星唯寿，如现于酉。岳岳彬彬，紫垣三友。锡祉延龄，佑我九有。于万亿年，视此丝绤。乾隆壬寅清和月御笔。并缂"乾隆御笔"、"古稀天子之宝"、"犹日孜孜"、"三希堂精鉴玺"、"宜子孙"等八玺。

SILK TAPESTRY OF THREE DEITIES WITH
QIANLONG INSCRIPTION
18TH CENTURY
113×268CM

蓝色地缂丝九阳消寒图挂屏心

18 世纪
120×213 厘米

　　此挂屏心内容为《九阳消寒图》，清嘉庆时期缂丝成画。作品依照纹样的轮廓和色彩以小梭、拨子等工具，用平戗、搭梭、长短戗、木梳戗、掼缂、双子母经、绕、勾边线等多种技法缂丝加刺绣制成。画面天空为宝蓝色，上有五彩瑞云。山树之间，男童和羔羊玩耍嬉戏。羔羊共九只，寓意"九阳消寒"，和三名男童一起取"三阳开泰"之意。通幅色彩艳丽，主题分明。

　　图上方有乾隆御制诗一首：九羊意寄九阳乎，因有消寒数九图。子半回春心可见，男三开泰义犹符。宋时创作真称巧，苏匠仿为了弗殊。漫说今人不如古，以云返朴欲惭吾。辛丑嘉平御题。画面钤"宜子孙"、"三希堂精鉴玺"、"嘉庆御览之宝"等印。

SILK TAPESTRY OF NINE RAMS CHASING
AWAY THE COLD WITH QIANLONG
INSCRIPTION
18TH CENTURY
120×213CM

瓷胎矾红龙凤纹翎管

18 世纪
高 8 厘米

翎管圆柱形, 中空, 一端有圆形纽, 中穿孔。上下口沿描金, 下口沿落 "大清雍正年制" 款, 管身以青花斗彩龙凤纹装饰, 胎质细密, 釉面莹润。

翎管为清代官员礼帽上插饰花翎的饰物。清代官员以及宗室成员如有功勋, 皇帝都赐以花翎以示荣誉。花翎为孔雀羽毛制成, 插入管内, 戴在脑后, 分一眼、二眼、三眼三等, 三眼最高。翎管的质地有翡翠、白玉、碧玺、珐琅、陶瓷等多种, 其中以翠、玉为最佳。

PORCELAIN FEATHER FASTENER WITH DRAGON
AND PHOENIX PATTERN
18TH CENTURY
HEIGHT:8CM

青金石朝珠

19 世纪
周长 180 厘米

　　朝珠由 108 颗青金石珠穿成，绿松石结珠四个，上端结珠（亦称分镶）下有小珊瑚佛头相连，黄丝带与金嵌绿松石背云相接，背云下有白水晶佛塔坠角。以珊瑚珠组成纪念三挂，各十颗，下垂嵌白水晶坠角。

　　清代朝珠，文官五品、武官四品以上者才得以佩戴，妇女受封在五品以上者可以佩戴。穿珠的绦带，帝后用明黄色，其他人则用金黄色绦或石青色绦。朝珠制作材料多样，常见有东珠、青金石、蜜蜡、珊瑚、绿松石、玛瑙、水晶、翡翠、琥珀、沉香、象牙、碧玺等。根据身份、等级和场合的不同可使用相应不同材质的朝珠。根据清朝典制规定，皇帝通常在祭天时佩挂青金石朝珠，并着青色衮服，戴熏貂皮冠。

A String of Lapis Lazuli Court Beads
19TH CENTURY
Circumference:180CM

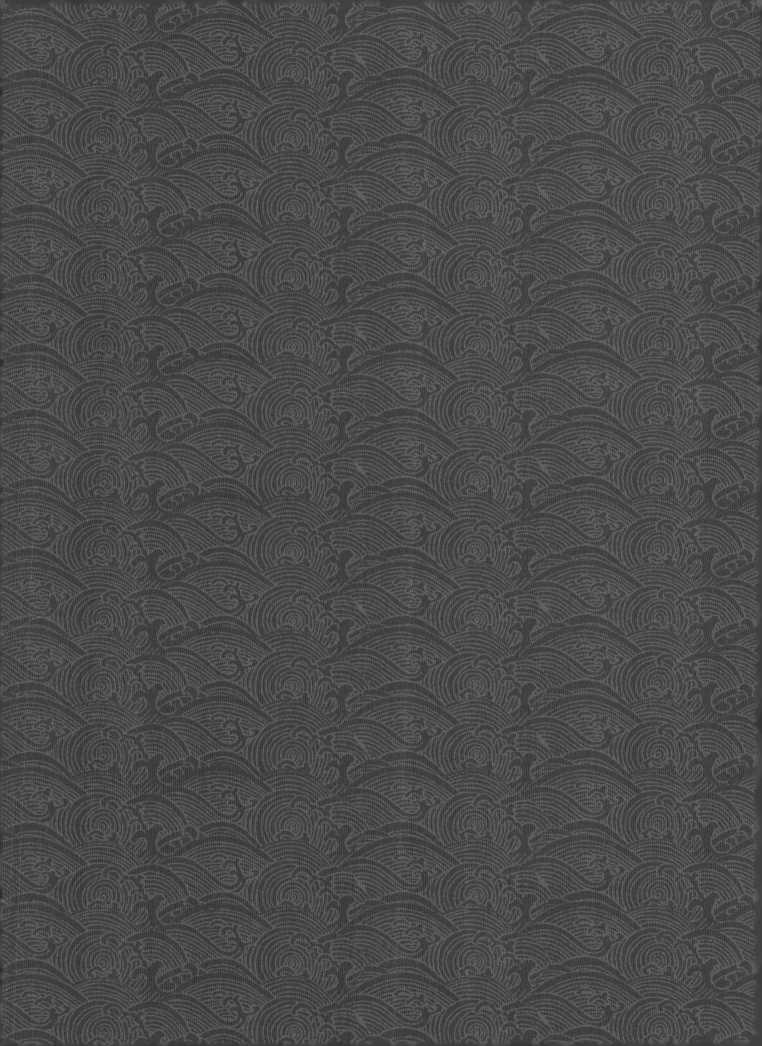

　　清朝崛起于白山黑水之间，依靠的是一支在当时世界上最强大的重甲骑兵。清太祖努尔哈赤于明万历二十九年（1601 年）正式创立八旗制度，初建时设四旗：黄旗、白旗、红旗、蓝旗。明万历四十二年（1614 年）因"归服益广"将四旗改为正黄、正白、正红、正蓝，并增设镶黄、镶白、镶红、镶蓝四旗，合称"八旗"，统率满、蒙、汉族军队。皇太极继位后为扩大兵源在满八旗的基础上又创建了蒙古八旗和汉军八旗，其编制与满八旗相同。满、蒙、汉八旗共二一四旗构成了清代八旗制度的整体。

　　清军入关后，由于统治广大国土的需要，清王将收编的明军及其他汉兵，参照明军旧制，以营为基本单位进行组建，以绿旗为标志，称为绿营，又称绿旗兵。绿营有一套严密的组织系统，发挥了臂指相使的镇压功能，成为清朝维护其统治的主要支柱和武装力量。

　　清朝建立过程中军事策略和武力征服起到了决定性的作用。入关后，统治者深刻认识到要巩固集权和统治，除了强大的军事力量外，还必须发扬和保持自己的民族精神及民族特色，因此清朝实行国语骑射政策。国语即满文，亦称"清文"、"清语"，骑射即要求八旗子弟保持传统，勤奋练习。尚武精神决定了清代武备成为国家军政要务中的重要组成部分。清朝统治者通过大阅，审察众多兵种集合演练的成效；通过围猎，考核八旗官兵的骑射和尚武能力。

　　清代武器装备名目繁多，形制多样，主要有甲胄，弓矢，长短枪具，各式刀剑，各种类矛、戟、镋、锤、利镰、匕首，长短火枪，各式重炮等。材质主要有钢、铁、铜、木，还有动物皮革、象牙、骨等。

　　清代的武备器具是清朝二百多年军事盛衰交替的历史见证，为我们还原、理解和探索清代军事发展路径提供了一个坚实的支点和精准的视角。

明黄色缂金龙纹棉甲

18 世纪
184×150 厘米

　　甲胄是古代帝王将士所用的铠甲和头盔的统称，是一种作战或礼仪用服。甲包括藤甲、皮甲、棉甲和铁甲，盔有藤盔、皮盔和铁盔。

　　此棉甲为皇帝戎服，上衣下裳式，衣内缀深香色暗花绸里。上衣分左、右护肩，左、右袖，前裆，侧裆；下裳分护胯，左、右裆。全身皆用黑绒镶边。穿时各部分由金纽扣连缀成整体。上衣左、右襟各以金线绣一条正面升龙，火焰云用金线勾边，云纹颜色以绿、墨绿色为主。下摆绣平水、寿山、海珠、杂宝、珊瑚等纹饰，配以绿、浅绿、蓝、白等色，云、水均以金线勾边。左、右护肩绣金龙，左、右护腋、前裆均绣一条正面升龙及平水、寿山、如意云等纹饰。下裳绣行龙，行龙间用金线采用钉金针法盘结。下摆绣平水、寿山、如意云等纹饰。

BRIGHT YELLOW ARMOR EMBROIDERED WITH GOLDEN DRAGON PATTERNS
18TH CENTURY
184×150CM

明黄色缂金龙纹棉甲

18 世纪
184×150 厘米

此棉甲为皇帝戎服，通常是检阅军队时所穿。上衣下裳式，衣内缀明黄色暗花绸里。上衣分左、右护肩，左、右袖，前铠，侧铠；下裳分护胯，左、右铠。全身皆用黑绒镶边。穿时各部分由金纽扣连缀成整体。

上衣左、右襟各以金线绣一条正面升龙，火焰云用金线勾边，云纹颜色以绿、墨绿色为主。下摆绣平水、寿山、海珠、杂宝、珊瑚等纹饰，配以绿、浅绿、蓝、白等色，云、水均以金线勾边。左、右护肩绣金龙，左、右护腋、前铠均绣一条正面升龙及平水、寿山、如意云等纹饰。下裳绣行龙，行龙间用金线采用钉金针法盘结。下摆绣平水、寿山、如意云等纹饰。

此甲面料金龙缂丝精细，纹样清晰，代表了清代缂丝织物的较高水平。

BRIGHT YELLOW ARMOR EMBROIDERED WITH GOLDEN DRAGON PATTERNS
18TH CENTURY
180×150CM

玉柄匕首（二件）

~~~~~~~~~

18 世纪
通长 46 厘米，通长 43 厘米

~~~~~~~~~

　　这两件匕首较长者匕首柄白玉质，雕作花形，嵌红、绿宝石组成花卉。鞘木质，外包灰色牛皮，鞘首饰金丝卷草纹镶绿松石，尖部饰金丝卷草纹镶红宝石，刃钢质，剑形。较短者匕首柄青玉质，雕作花形，嵌红、蓝、绿宝石组成四瓣花卉。鞘木质，外包灰色牛皮，尖部和鞘首饰金丝卷草纹，刃钢质，剑形。造型优雅华美，风格特别，一器一色，精巧别致。

DAGGER WITH JADE HANDLE (2 PIECES)
18TH CENTURY
LENGTH: 46CM
LENGTH: 43CM

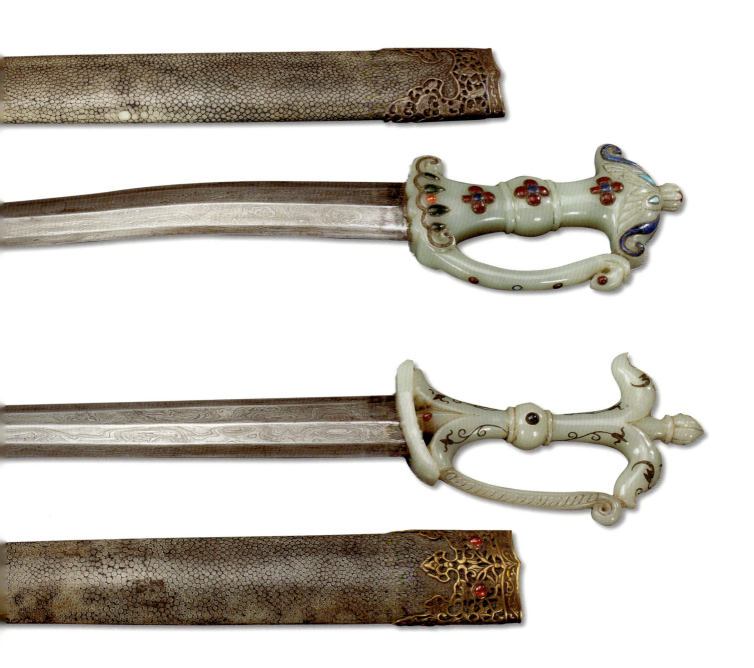

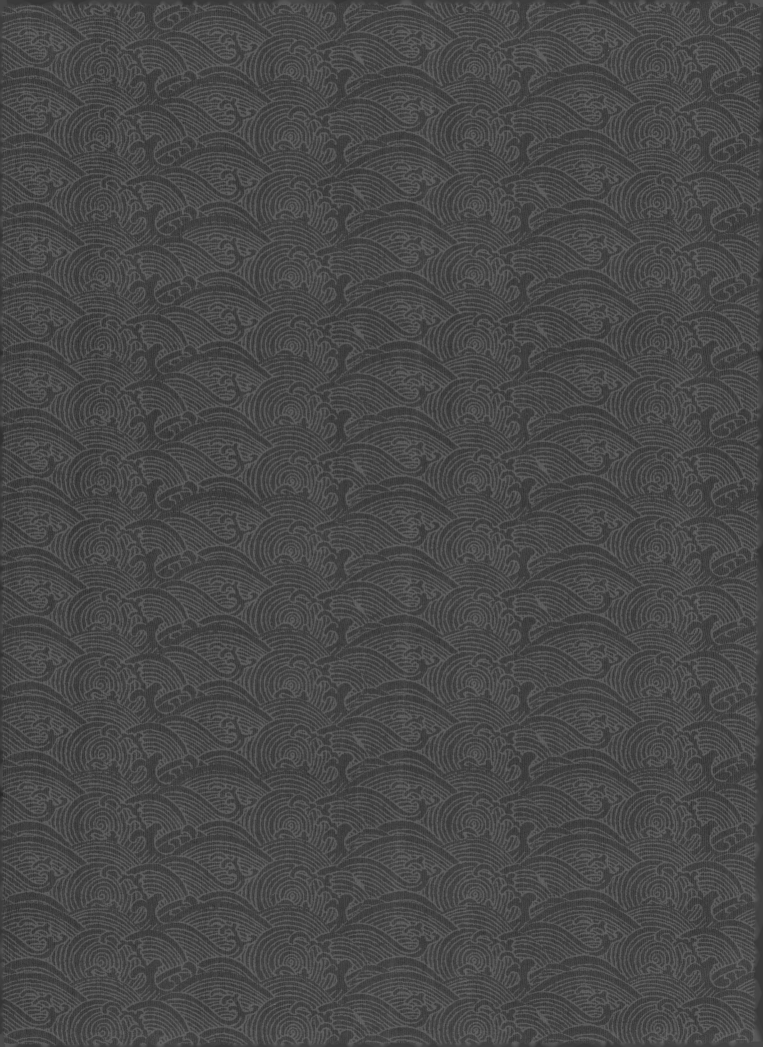

　　清朝是中国封建社会的晚期，是少数民族建立政权、满汉融合、兼容并包的历史时期。这个时期人们所用的珠宝首饰更趋于华丽精巧，宫廷气息越来越浓厚，极尽奢华，既有汉族传承下来的传统首饰式样，也有颇具满族特色的精美佳品。

　　种类上，一般可分为头饰、耳饰、项饰、手串、佩饰等。工艺技巧上，清代珠宝首饰的复合工艺已非常发达，金银制品多与珐琅、珠玉、宝石等搭配结合，相映生辉，高贵华丽。多采用錾刻、累丝、錾花、镶嵌，以及清代特有的掐丝、点翠工艺，精雕细琢，做工细致。此外，金银制品上点烧透明珐琅、掐丝填烧珐琅、金胎画珐琅等新兴工艺在宫廷和广州地区十分流行。造型纹饰上，主题性突出，繁复精致中多用有吉祥寓意的图案，或格调高雅，或富丽堂皇，呈现出兼收并蓄、多姿多彩的审美意趣。

　　錾刻，用工具剔除地纹，使纹饰轮廓线凸起。錾金工艺技法早在商代就已出现，到清代，被广泛地运用于各种金属工艺品上。

　　累丝，又名"花作"或"花纹"，是金属工艺中最精巧者。它是将金银拉成丝，然后将其编成辫股或各种网状组织，再焊接于器物之上。立体的累丝作品制作最难，须事先"堆灰"，即把炭研成细末，用白芨草泡制的黏液调和作为塑料，塑成人物或走兽等所要制作的物象，然后再在上面进行累丝，用焊药焊连，之后置于火中把里面的炭模烧毁，即成立体中空剔透玲珑的精美工艺品。

　　錾花，用小锤敲击各种大小不同的金属錾子，在金属表面留下錾痕，形成各种不同的纹理，使单一的金属表面产生多层次的立体装饰效果。此种工艺始于春秋晚期，盛行于战国，至清代为匠师们广泛沿用。

　　点翠，是将随形修剪的翠鸟羽毛粘贴在金银花丝镶嵌底托的图案纹样凹陷处。翠鸟羽毛因采用部位和工艺的不同，可呈现出湖蓝、藏青等不同色彩。装饰出的器物色彩鲜艳，精美华丽。因精致度高，工艺复杂，材质特殊，点翠在珠宝首饰制作工艺中独树一帜。

　　清代的珠宝首饰集历代手工艺制作之大成，是当时高超手工艺制作的生动体现，满足人们日常生活对美的追求的同时，也是清代封建社会等级制度的生动写照。

银镀金镂空海棠纹寿字手镯（一对）

19 世纪

内径 6.8 厘米

    此对手镯由白银打制而成，表面镀金，通体镂空，装饰海棠纹样。手镯的两头以银镀金的篆字"寿"作为装饰，表达福寿绵长之意，整体做工精致，富贵大气。海棠纹是我国传统的吉祥花卉纹样。海棠花是中国传统名花，其花姿潇洒、花开似锦，素有"花中神仙"、"花尊贵"之称。其常常栽在皇家园林中与玉兰、牡丹、桂花配植，形成"玉棠富贵"的意境。

A Pair of Gilt Silver Bracelets Carved in Openwork with Flowers and Character "Shou" (Longevity)

19TH CENTURY

INSIDE DIAMETER: 6.8CM

金累丝嵌宝石手镯（一组）

19 世纪
最大内径 6.3 厘米，最小内径 5.6 厘米

　　此组六枚手镯均以金累丝嵌烧蓝宝石制成。六枚手镯造型各异，一枚为二龙戏珠，手镯呈圆形，双龙头紧紧咬合，镯身为金累丝制成的圆环。一枚呈龙衔珠，龙头硕大，口中含珠，生动逼真。一枚手镯表面嵌烧蓝绿宝石，色彩华丽。其他三枚手镯呈八棱海棠式，手镯圆形，作棱均饰以青金石、绿松石，样式精美。

　　镯，又称臂环，中国古代男女通用，唐、宋时成为女性装饰品，清代戴手镯普遍流行。清宫手镯种类繁多，常见玉、翠、玛瑙、金、银等质地，并多有镶嵌。

A Set of Gold Filigreed Bracelets inlaid with Gems
19TH CENTURY
Largest Inside Diameter: 6.3CM Smallest Inside Diameter: 5.6CM

天然紫晶持珠手串

19 世纪

周长 34 厘米

　　手串由十八颗紫水晶串成，红珊瑚隔珠三颗，母珠一颗为红玛瑙珠，镂雕银质花卉图案坠饰，紫水晶做弟子珠和记子留，通体圆满丰润，色泽莹洁。

　　手串是念珠的一种，常握在手中把玩或戴于腕上，也可悬挂于衣襟上，念佛或持咒时用以记数。由于佛教有十八罗汉和十八界之说，故手串常由十八颗组成。佛经中称莹洁晶光的水晶为"水之精灵"，"菩萨玉"，意失可普度众生。人们认为随身佩戴紫水晶有辟邪消灾的功效。此手串明艳而不失庄重，意在护佑平安吉祥、传送富贵好运。

AMETHYST ROSARY-BRACELET
19TH CENTURY
PERIMETER: 34CM

银鎏金点翠鏊宝石簪（九件）

18 世纪
尺寸不一

　　簪又称发簪、冠簪，是用以固定头发或顶戴的发饰，同时有装饰作用，一般为单股。双股称为钗或发钗。

　　此组银鎏金点翠头饰共九件，由六如意笄，两花蝴蝶簪和椭圆形云卉簪组成。中间是椭圆累丝嵌珍珠宝石鎏金簪，两侧是点翠花卉簪和六支如意首笄簪。簪花均嵌有红宝石和珍珠，工艺细致，灵蓝逸动，造型精美，素雅相宜。

　　点翠是将随形修剪的翠鸟羽毛粘贴在金银花丝镶嵌底托的珠宝上的制作工艺。翠鸟羽毛因采用部位和工艺的不同，可呈现出湖蓝、藏青等不同色彩。因精致度要求高，制作工艺复杂，镶嵌材质特殊，点翠工艺在珠宝首饰中独树一帜。

GILT SILVER HAIRPIN INLAID WITH PEARL AND GEMS (9 PIECES)
18TH CENTURY
DIFFERENT SIZES

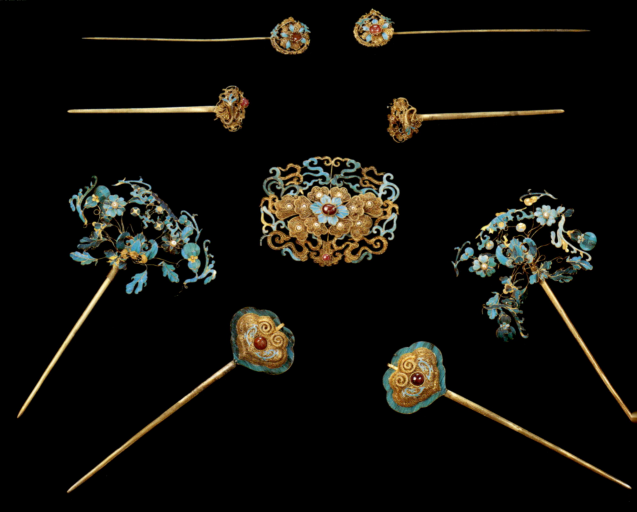

料胎珐琅彩扳指

19 世纪
高 3.5 厘米，内径 3.8 厘米

　　白料扳指，材质细润。两只扳指通景工施彩釉。一只
彩绘行龙纹，一只彩绘芦雁纹。图案构思严谨，绘画精细。
所用织锦扳指盒为清装饰原配。

　　扳指的前身是古代所称的"韘"。《说文》云："韘，
射决也，所以拘弦。"可知韘是一种专供射箭拘弦时以保
护手指的器具。汉代时玉韘已变成了韘形的鸡心佩，到了
清代玉韘演变成圆筒状，无凹槽的扳指，一般套在大拇指上，
仅起到装饰的作用。扳指在清代非常盛行，质地以白玉、青
玉、翡翠、犀角、象牙为多，有的配以吉祥图案和题诗。

GLASS ARCHER'S RING WITH PAINTED ENAMEL DECORATION
19TH CENTURY
HEIGHT: 3.5CM INSIDE DIAMETER: 3.8 CM

中国的清朝时期是以满族为统治阶级、汉族为主体的多民族国家。清朝继承了以前历朝的物质文化和精神文化，继承了前代的风俗、思想等；同时，由于满族的主导地位，满族的风俗习惯也深刻地影响了其他民族，并在长期的交主中融会贯通。

这时期的手工业生产达到了封建社会历史的最高峰，由于封建统治者的追求，一些单纯供玩赏、陈设的器物的生产发展极快；传入中国的西方物质文化，主要限于武器和各种奢侈品；整体风格已不同于两汉的浑厚、质朴之美和唐代的清新博大之风，而是日趋纤巧细腻；各民族文化并存互补，为其增添了几许鲜美的色彩。

宫廷造办处的制作多不惜成本，用上乘原料，优良的工匠费时费工制作出最为华贵、最具有时尚性、也最反映当时的工艺水平的艺术精品。民间制品则多以本地区特有的原材料、施以传统的手工艺技能，精益求精地加工而成。

这时期生产出来的宫廷贵族生活用具，从质地上分主要常见的有玻璃器、金银器、珐琅器。玻璃器又称"料器"，按加工技法可分单色玻璃、套色玻璃、金星玻璃、搅玻璃、戗金玻璃、玻璃胎画珐琅、刻花玻璃、磨花玻璃和点彩玻璃。金银器的生产技术更加精湛，多采用铸造、锤鍱、錾刻、累丝等工艺，镶嵌珍贵宝石，造型别致、纹饰精美，遍及典章、祭祀、冠服、生活、陈设等各个方面。珐琅器按制作方法的不同，分为掐丝珐琅、画珐琅、錾胎珐琅、锤胎珐琅、透明珐琅等，由于其具有黄金和宝石般的华贵瑰丽、浑厚晶莹，深受当时人们的喜爱。

宫廷日常生活用具种类繁多，选用材质各异，如珠玉宝石、金、银、铜、锡、骨、木、毛、角、漆等，工艺集累丝、镶嵌、捶打、雕镂、錾刻、染色、粘贴、刺绣、彩绘、打磨等之大成。吉祥图案非常盛行，这些日常生活用具除了造型优美、材质考究，丰富多样的图案装饰通过象征、隐喻、谐音、比拟、寓意等手法将形式和内容巧妙结合，题材广泛，意趣横生，赏心悦目。常见的有龙凤、花鸟鱼虫、福禄寿喜、二十四孝、高士图等常描绘或雕刻于陶瓷、玉器、鼻烟壶、如意等各种器物上表达美好寓意。

这些宫廷日常生活用具，体现着皇权思想和皇家气派，也蕴含着深厚的时代特色和中华文化，反映出当时人们追求的审美意趣。

掐丝珐琅瓜棱花卉纹灯座

18世纪
高60厘米

灯座为七棱瓜式，通体施黄色云纹厚地。瓜棱上以不同花鸟虫草纹装饰，座上填绿釉。铜柱外以瓜蔓藤镂空缠绕。铜镀金卧金蟾为盖纽，柱内可插灯烛。以瓜颈叶及果实造型做足。灯座背底镀金方托内刻"乾隆年制"四字款。整体灯座器型稳重，釉色丰富，纹饰华丽，寓意多福多寿、子孙繁盛。座和足部装饰交相呼应，承托出了錾刻工艺的精美。

PAINTED ENAMEL BRUSH HOLDER WITH FLOWERS
AND BIRDS DESIGN
18TH CENTURY
HEIGHT: 60CM

料胎珐琅彩花鸟笔筒

18世纪
高 12.5 厘米、口径 5.2 厘米、底径 6.4 厘米

    该笔筒为白料胎珐琅彩，白料细腻，白皙如凝脂。筒壁彩绘月季花鸟纹，寓意四季平安，喜庆长寿。花卉茂盛，蝶鸟生动，绘工精致，寓意吉祥，是料胎珐琅彩制品中的佳作。

    玻璃料胎画珐琅是由铜胎画珐琅发展而来，制作技术要求极高。因为玻璃与珐琅熔点非常接近，在绘画焙烧过程中，若温度低，珐琅釉则不能充分熔化，呈色不佳；若温度高，胎体变形，即成废品。乾隆初期宫廷画珐琅工艺发展至顶峰。料胎画珐琅的宫廷制作是皇家尊贵身份的象征。

Painted Enamel Brush Holder with Flowers and Birds Design
18TH Century
Height: 12.5cm Diameter of Mouth: 5.2cm
Diameter of Bottom: 6.4cm

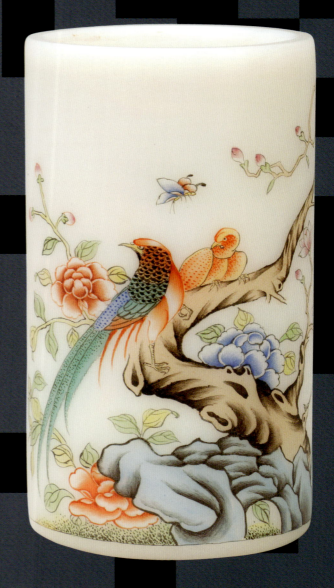

白料胎珐琅彩年年有余图纹瓶

19 世纪

高 15 厘米，口径 4.2 厘米，底径 4.5 厘米

　　此瓶敞口、细颈、垂腹、平底，质白料胎，造型精致，比例恰当，尽显玉壶春瓶曲线之优美。瓶口沿洁白如玉，晶莹剔透，颈部施梅花纹配上下蕉叶纹装饰。通体以落花流水为地，瓶上绘几尾金鱼欢戏其中。金鱼或横游于水中，或欲向上游出水面，眼睛突出，鳞片闪亮，给人以生动立体之感。底上一周施蕉叶纹装饰。该瓶料白胎洁白剔透，构图层次分明，视野宽广，图纹生动。瓶中金鱼代表中国传统的"年年有余"之美好寓意。

White Glass Vase with Fishes Design in Painted Enamel
19TH CENTURY
HEIGHT: 15CM DIAMETER OF MOUTH: 4.22CM
DIAMETER OF BOTTOM: 4.5CM

金累丝嵌珐琅釉凤托花篮摆件（一对）

18 世纪
高 25 厘米

　　这是一对金累丝嵌珐琅釉凤托花篮摆件，两只彩凤通体金累丝制成，嵌珐琅釉，凤首顶冠，凤尾自然垂翘，凤眼为镶嵌的红宝石。凤背部各托金累丝嵌烧蓝宝石花篮一个，花篮盛放牡丹、荷花等花卉，金累丝提梁，上绑金累丝丝带。金凤立于圆柱形托盘上，摆件造型生动别致、色彩艳丽。

A Pair of Gold Filigreed Enamel Phoenix-
Shaped Basket Inlaid with Gems
18TH CENTURY
HEIGHT: 25CM

金累丝嵌烧蓝红宝石花篮（一对）

18 世纪
高 17 厘米

　　花篮敞口，圆鼓腹，小圈足。形制、大小、色彩相同。通体为金累丝嵌烧蓝、红宝石。花篮口沿边缘饰一圈折叠迎春花，外沿饰嵌烧蓝宝石花瓣。腹部饰金累丝牡丹花纹，间有烧绿绿叶。圈足为金累丝镂空嵌蓝宝石纹样。花篮内以金累丝嵌烧蓝、红、绿宝石的工艺放置了牡丹、兰花、海棠等吉祥花卉，造型精美生动，色彩艳丽华贵。

A Pair of Gold Filigreed Enamel Flower
Basket Inlaid with Gems
18ᵀᴴ Century
Height: 17cm

金累丝嵌烧宝石花篮（一对）

18 世纪
高 13 厘米，口径 14 厘米，底径 5 厘米

　　此对花篮由金累丝嵌烧蓝绿宝石工艺制成。花篮呈莲花
状，上面为莲花，下面为花篮。莲叶呈六瓣，脉络清晰，色
彩金黄。莲瓣根部为十八颗蓝色宝石，将莲花与莲叶紧密连
接。莲叶是由蓝、绿宝石组成蓝、金、绿三种色彩搭配的炫
丽圆盘，核心是十几颗绿松石组成的圆环，紧紧护卫莲花。
周围则烧填蓝、绿宝石组成莲叶的筋络。筋络之间饰黄色小
莲花、绿叶。篮身由金累丝嵌烧宝石组成花卉纹饰。整体造
型别致，色彩丰富，精美华丽，寓意吉祥。

A Pair of Gold Filigreed Enamel Flower
Basket Inlaid with Gems
18th Century
Height: 13cm Diameter of Mouth: 14cm
Diameter of Bottom: 5cm

金累丝嵌宝石四足炉（一对）

18世纪
高 17 厘米

　　这是一对金累丝四足炉。炉的造型仿照中国商代的立耳四足青铜方鼎。炉口沿呈四边形，铜镀金嵌宝石立耳一对。炉身中心正面镶嵌镂空和田玉人物和动物玉牌饰，四周金累丝嵌烧蓝、绿各色宝石装饰。炉身下有四个如意花纹足。此对炉有盖，为倒斗形，顶部中央有镀金卧狮形纽，四周饰金累丝嵌各色宝石。此对炉造型精致，色泽规整。

A Pair of Gold Filigreed Enamel Censer
Inlaid with Gems
18th Century
Height: 17cm

金累丝嵌烧蓝宝石三足炉

18 世纪
高 27 厘米

　　此香炉造型别致，主体是一座仿商周青铜器鼎，鼎为圆形，鼓腹，鼎身有两个金累丝嵌烧蓝各色宝石朝冠附耳，三个兽蹄形足。鼎有一个斗笠形盖，盖顶有珍珠宝石纽，炉通体用金累丝工艺并嵌各色宝石。炉身嵌珐琅彩几何纹，炉盖颈下一周饰珐琅釉彩，颈部中心方框内篆刻"乾隆年制"款。鼎下为一座三边形器座。炉身整体造型大方美观，釉色饱满，富丽堂皇。

GOLD FILIGREED ENAMEL INCENSE-BURNER
INLAID WITH GEMS
18TH CENTURY
HEIGHT: 27CM

铜镀金镂空嵌宝石葫芦瓶

◇◇◇◇◇◇◇◇◇◇◇◇◇

18 世纪

高 34 厘米

◇◇◇◇◇◇◇◇◇◇◇◇◇

瓶呈葫芦形，上下均以铜镀金镂空藤蔓缠枝挂嵌宝石小葫芦为装饰。葫芦中腰环嵌红、蓝、绿宝石一周，宝石玉莲瓣纹为葫芦瓶身上下分界装饰。盖顶以茎叶团簇造型装饰，上下葫芦各在开光内嵌宝石梅花纹和隶书"福"字，底部饰一周莲瓣纹，以小葫芦及藤蔓为瓶足，造型生动，雍容华贵。葫芦瓶自唐代以来因其谐音"福禄"，且器型似"吉"字，故又名"大吉瓶"，寓意大吉大利，为民间所喜爱，遂成为传统器形，多为祝寿时所用，有"福贵子孙连绵不绝"之意。

GILT SILVER DOUBLE-GOURD VASE WITH OPEN WORK AND INLAID WITH GEMS
18TH CENTURY
HEIGHT: 34CM

金累丝嵌烧蓝宝石香薰

◇◇◇◇◇◇◇◇◇◇
18世纪
高18厘米
◇◇◇◇◇◇◇◇◇◇◇◇

　　香薰呈鼎形，双耳，通体金累丝嵌烧蓝宝石。双耳呈龙
形，龙身金色，龙须蓝色。三足为铜镀金摩羯立足。炉盖顶
为镂空嵌珍珠立纽，金累丝嵌烧蓝宝石镂空斗笠状花纹装饰，
腹部为金累丝嵌烧蓝宝石螭龙纹装饰，腹下为金累丝嵌烧蓝
宝石凤纹装饰。香薰造型秀丽，古色古香，纹饰生动有神韵，
色彩丰富。此器为熏香用具，结构设计奇特、精巧、合理，
具有较高的艺术价值。

GOLD FILIGREED ENAMEL INCENSE-BURNER INLAID WITH GEMS
18TH CENTURY
HEIGHT: 18CM

金累丝镂空嵌宝石虫具

18 世纪
长 17 厘米

　　该虫具为金累丝镂空锦地，葫芦形、鼓腹粗颈，虫具口沿金累丝嵌红、绿各色宝石一周，虫具腹部金累丝嵌烧鸣虫一只，触角细长，做匍匐翘首状。葫芦因具有体轻、共鸣传声、保暖而易于携带的特点，常在民间用来饲养鸣虫。该金累丝镂空嵌宝石虫具摆件取题材于民间生活，造型优美、生动传神、明艳华贵。

GOLD FILIGREED CASE WITH OPEN WORK INLAID
WITH GEMS
18TH CENTURY
LENGTH: 17CM

白料胎珐琅彩绘花鸟果实图纹瓶（四件）

19 世纪

高 11.5 厘米，口径 4.5 厘米，底径 4 厘米

　　此四瓶口沿均为喇叭状、短颈、丰肩、圆腹、圈足。乳白色玻璃胎，通体画珐琅彩纹饰。瓶腹部环饰花鸟果实图。造型玲珑典雅、线条柔美，玻璃胎体温润如玉、纹饰清丽精细，画工以细腻的笔触生动描绘了自然景致，所绘花鸟图极尽写生之妙。玻璃胎画珐琅是清代与铜胎、瓷胎画珐琅先后出现的新工艺，因玻璃胎画珐琅制作难度大，传世品很少。

WHITE GLASS VASE WITH BIRDS AND FLOWERS
DESIGN IN PAINTED ENAMEL (4 PIECES)
19TH CENTURY
HEIGHT: 11.5CM DIAMETER OF MOUTH: 4.5CM
DIAMETER OF BOTTOM: 4CM

白料胎珐琅彩松柏纹瓶

19 世纪
高 12.5 厘米，口径 1.8 厘米，底径 2.7 厘米

此瓶为质白料胎，瓶口沿平直，颈部细长，瓶腹下垂鼓起，底部平直，表面洁白莹润，整体造型精致。口沿下绘一匝黄彩如意云纹装饰，显得富贵大气。瓶身以深绿色松柏树干为中心，树干高大挺拔，枝繁叶茂，绿意盎然。瓶下加绘褐色山石及粉彩绿色灌木植物。构图层次远近分明，色彩运用自如。

WHITE GLASS VASE WITH PINE DESIGN IN PAINTED ENAMEL
19TH CENTURY
HEIGHT: 12.5CM DIAMETER OF MOUTH: 1.8CM
DIAMETER OF BOTTOM: 2.7CM

白料珐琅彩松鹿延年瓶

18 世纪
高 12.5 厘米，口径 3.3 厘米，底径 3.7 厘米

　　瓶撇口，长颈，鼓腹，平底，质白料洁白光润。口沿下饰一周如意云纹，瓶身通体饰以珐琅彩山水松鹿纹，润色艳丽。整体画面构图层次分明，动物形态生动写实，绘制笔法流畅自然，瓶底一周饰以莲瓣纹有松鹿延年之意。

White Glass Vase with Pine and Deer Design in Painted Enamel
18TH CENTURY
HEIGHT: 12.5CM DIAMETER OF MOUTH: 3.3CM
DIAMETER OF BOTTOM: 3.7CM

白料胎珐琅彩双鹤纹瓶

◇◇◇◇◇◇◇◇◇◇◇◇◇
19 世纪
高 10 厘米，口径 3.8 厘米，底径 3.8 厘米
◇◇◇◇◇◇◇◇◇◇◇◇◇◇◇◇◇◇◇◇◇

　　瓶颈部较短，丰肩，肩下弧线内收，筒形腹，圈足。外壁珐琅彩装饰，颈部光素无纹，肩、腹部绘折枝双鹤图纹。质白料洁白光润。整体画面构图层次分明，动物神态生动自然，皴法简约，有双鹤延年之意。

White Glass Vase with Crane Design in Painted Enamel
19th Century
Height: 10cm Diameter of Mouth: 3.8cm
Diameter of Bottom: 3.8cm

金累丝嵌烧蓝红宝石吉祥葫芦挂坠（一对）

18 世纪
高 8 厘米

　　这是一对造型精致的挂坠，挂坠为葫芦形，通体金累丝嵌烧蓝宝石。葫芦中有嵌烧蓝宝石如意云纹，其上有球形红珊瑚，珊瑚两边镶金黄色垫圈，其上分别连接红黑两色丝绦。云纹下为一周金色球珠装饰。葫芦上、下两节之间以红色宝石莲瓣纹相隔。葫芦上下嵌烧蓝"吉"、"祥"二字，左右镶各色宝石相配。葫芦底部配红色珊瑚珠，其下分别配红、黑二色坠穗。此对葫芦坠色彩丰富，有吉祥如意的美好寓意。

A PAIR OF GOLD FILIGREED ENAMEL COURD PENDANT INLAID WITH GEMS
18TH CENTURY
HEIGHT: 8CM

金累丝嵌烧宝石龙凤纹盒（一对）

18 世纪
高 8 厘米，直径 14.4 厘米

　　这对盒子的形状为圆形，盒子的顶盖经过开光处理，为金累丝嵌烧蓝宝石工艺，一个盒子的顶盖饰龙纹，一个盒子的顶盖饰凤纹，两只盒子合在一起寓意龙凤呈祥。盖顶周围饰金累丝嵌烧蓝宝石龙纹、凤纹、花卉纹等。盒盖的下面一周为金累丝嵌蓝宝石卷草纹装饰。盒造型规整，龙凤生动自然写实，色彩丰富。此盒累丝细腻，选材考究，纹饰清晰，图案精美，制作工细，充分反映了古代累丝镶嵌工艺的艺术风格和技术水平之高超。

A PAIR OF GOLD FILIGREED ENAMEL BOX WITH
DRAGON AND PHOENIX PATTERN AND INLAID
WITH GEMS
18TH CENTURY
HEIGHT: 8CM　DIAMETER: 14.4CM

金累丝嵌烧花鸟纹盒（一对）

18世纪
高8厘米，口径8厘米，底径5厘米

　　此对盒为圆形，三个如意云纹扁足托底。盒盖顶为开光画珐琅花鸟纹饰牌，盖下口沿各饰一周镂雕龙纹。盒通体金累丝嵌彩色烧蓝釉花卉纹装饰。该盒累丝细腻，选材考究，纹饰清晰，图案华美，制作工细。

A PAIR OF GOLD FILIGREED ENAMEL BOX WITH FLOWERS AND BIRDS PATTERN INLAID WITH GEMS
18TH CENTURY
HEIGHT: 8CM　DIAMETER OF MOUTH: 8CM
DIAMETER OF BOTTOM: 5CM

金累丝嵌烧蓝宝石凤凰摆件（一对）

18 世纪
高 20 厘米

　　这是一对造型别致的摆件，主体是两只相对而立的凤凰。两只凤凰前后分足站立，翅膀张开，尾羽伸展，似振翅欲飞。凤凰站立在金累丝嵌烧蓝宝石台基上，凤凰通体金累丝嵌烧蓝绿色宝石，背部托金累丝嵌烧蓝宝石盛水器。造型独特，比例适当，雍容华贵，金碧辉煌。凤为百鸟之王，所谓有凤来仪，是祥瑞吉庆的美好象征。

A PAIR OF GOLD FILIGREED ENAMEL PHOENIX
ORNAMENTS INLAID WITH GEMS
18TH CENTURY
HEIGHT: 20CM

金累丝嵌烧宝石猫头鹰瓶（一对）

19 世纪
高 18 厘米，底径 6 厘米

　　此对瓶为猫头鹰造型，通体金累丝嵌烧红、蓝宝石。瓶体左右开光，内嵌蓝宝石花卉纹图案。头部以金累丝嵌蓝宝石做鹰眼，以白色砗磲为鹰嘴。造型规整奇特，做工精细繁复，色彩明艳，生动传神。早在商代，玉器、石器、陶器中常见猫头鹰的造型，被称之为"鸮"，人们将鸮视为神圣之鸟，是地位和权力的象征。

A PAIR OF GOLD FILIGREED ENAMEL VASE WITH
OWL-SHAPED INLAID WITH GEMS
19TH CENTURY
HEIGHT: 18CM DIAMETER OF BOTTOM: 6CM

金累丝嵌宝石五蝠捧寿如意

19 世纪
长 13 厘米

　　此如意首呈双层灵芝形。通体以镂空累丝锦地，锦地上烧蓝嵌宝石。首瓦上嵌烧蓝"五蝠捧寿纹"，柄中嵌烧蓝双蝠双寿纹，并点缀三颗碧蓝宝石。柄尾嵌烧蓝寿桃纹。如意造型精美，累丝流畅细密均匀，工艺精致华丽，是清代宫廷中祝寿用的典型器物之一。

GOLD FILIGREED ENAMEL RUYI WITH FIVE BATS PATTERN AND INLAID WITH GEMS
19TH CENTURY
LENGTH: 13CM

掐丝珐琅三镶白玉如意

18 世纪
长 44 厘米

　　铜胎灵芝形如意，如意柄首通体湖蓝地掐丝彩绘宝相花纹，并且柄首、柄中、柄尾处镶嵌三块刻诗填金白玉瓦。此形制的三镶如意盛行于乾隆中期，是皇家祝寿或庆典时特制的贡品之器。

　　柄首题诗为："（元正越）二日太昊启节昌，行废际芳辰大来，延千祥举首见新。月一钩垂天潢盈，虚固其恒新年迴。乾隆壬辰年制"。柄中题诗为："异常依依最有情，溶溶已流光值闰。以为佳春况百二，长舒辉盼上元凝。"柄尾题诗为："和丽青阳却笑几，华枝爝火言蒙庄。"

CLOISONNE ENAMEL THREE-PANEL RUYI
SCEPTER WITH JADE INLAYS
18ᵀᴴ CENTURY
LENGTH: 44CM

镶宝石鸳鸯纹金梳

18世纪

长10.5厘米，宽8.4厘米，厚0.7厘米

　　金制圆背梳，梳齿扁平疏朗，拱形梳背较厚，錾刻鸳鸯相戏纹，纹饰四周嵌有珊瑚芯、松石瓣、梅花一周及金勾连花卉并点缀着红、蓝、绿三色宝石。图案大气，精美华丽，制作工艺复杂严谨。

GOLDEN COMB WITH MANDARIN DUCK PATTEN IN-
LAID WITH JEWELS
18TH CENTURY
LENGTH: 10.5CM WIDTH: 8.4CM THICKNESS: 0.7CM

将军洞满江醉芙蓉冻八仙图摆件

19世纪
高18厘米，宽20厘米，重3千克

　　此摆件以山的造型取势，利用其天然之色巧妙细腻刻划，
正面雕中国传统文化题材八仙图，八仙形态各异，逼真生动，
色泽艳丽温润。背面阴线刻云蝠纹，象征祝福。底部刻"嘉
庆之宝"四字篆款，刀法细腻，技艺精湛。将军洞为芙蓉石
的主要产洞，又名"天峰洞"，此洞所出石质纯润，柔洁通灵，
为芙蓉石中上品。

ROSE QUARTZ CARVING DESIGN OF EIGHT
IMMORTALS
19TH CENTURY
HEIGHT: 18CM WIDTH: 20CM WEIGHT: 3KG

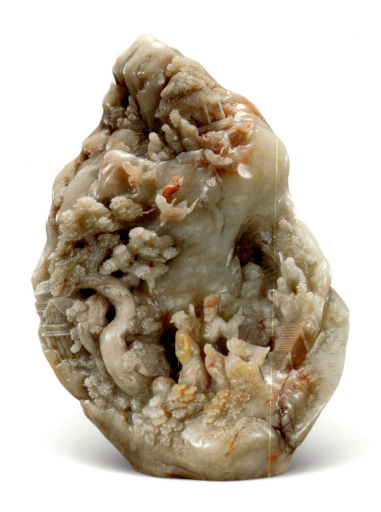

芙蓉石雕九老阁山石

19 世纪
高 28.5 厘米，宽 18 厘米，重 5.4 千克

　　此山石石质优良，无杂质，满泛红，似夕阳高照。以深雕、浮雕、圆雕、阴刻等手法，雕刻出人物、仙鹤、草亭、松树等纹样。画面生动、比例适当，立体感强。底部有"嘉庆之宝"四字篆款。

　　九老亦称"香山九老"、"洛中九老"、"会昌九老"，通常指胡杲、吉玫、郑据、刘贞、卢贞、张浑、白居易、李元爽、禅僧如满九位七十岁以上老人。唐武宗会昌年间，此九位老人在白居易家中聚会，欢醉赋诗，作九老诗，绘九老图，以后历代纷纷效仿。该题材常见用于绘画、山石雕刻中，反映文人士族生活的同时，亦是人们尊老敬老的情怀。

ROSE QUARTZ CARVING DESIGN OF NINE WORTHIES
19TH CENTURY
HEIGHT: 28.5CM WIDTH: 18CM WEIGHT: 5.4G

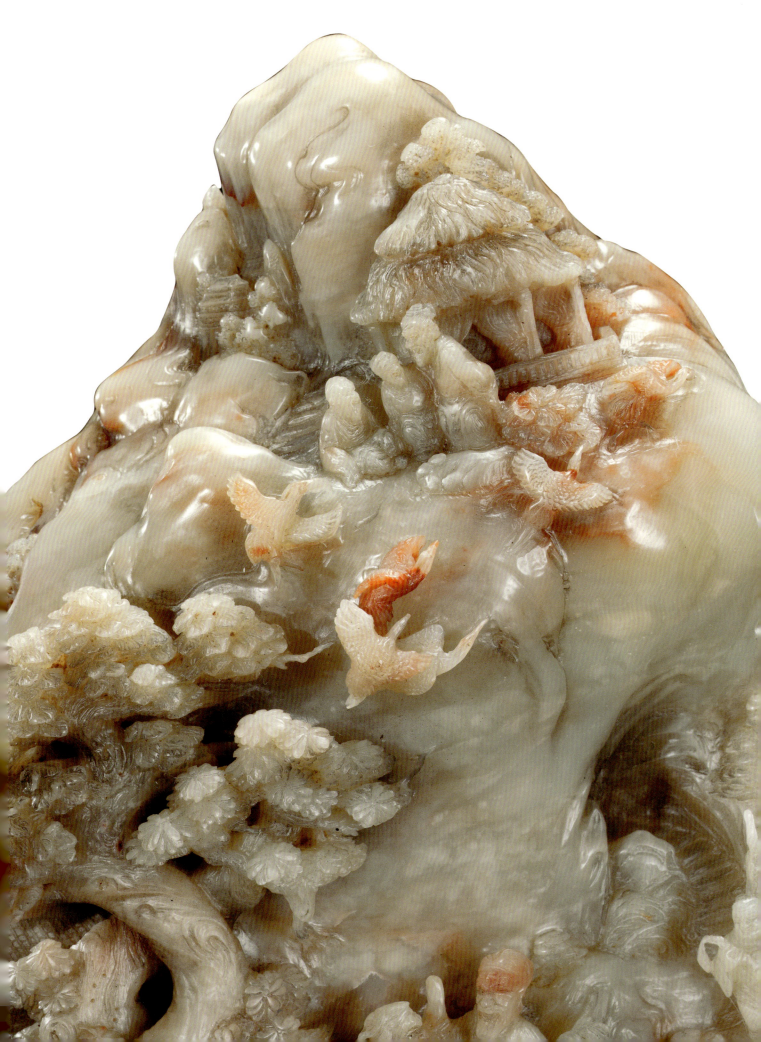

芙蓉石龙凤纹摆件

19 世纪
高 19 厘米，宽 13 厘米

　　此摆件颜色深红，以浮雕、透雕、阴刻等技法，雕出极具神韵的龙凤回首顾盼的生动图样。芙蓉石因色洁质嫩，犹如初开的木芙蓉花，开采于明清之际。至清乾隆时期，将军洞芙蓉问世，备受文人雅士赞赏，因此被称为"石中君子"，与田黄、鸡血石并称"印石三宝"。

　　摆件是清代宫廷常见的生活器具之一，常见造型有瓶、炉、壶、盒、如意、雕件、佛像等，材质以金、银、铜、陶、瓷、木、漆、水晶、玻璃最为多见。有寓意吉瑞、镇宅化煞的作用。

ROSE QUARTZ CARVING WITH DRAGON AND
PHOENIX DESIGN
19TH CENTURY
HEIGHT: 19CM WIDTH: 13CM

白料珐琅彩水丞（四件）

19 世纪
高 5.7 厘米，口径 4.1 厘米

　　此为一组四件造型、大小一致的水丞。水丞椭圆形、敞口、鼓腹、平底。白料胎上施以珐琅彩绘，玻璃白料胎，质地洁白，品相良好，无裂痕。

　　第一件水丞主体为一棵松树，一只丹顶鹤站立枝头。丹顶鹤又名仙鹤，寿命长达 50～60 年，古人常把它和松树绘在一起，作为长寿的象征。第二件水丞以水池水藻为地，一尾金鱼嬉戏其间，代表"年年有余"的寓意。第三件水丞绘山石花树，意境幽美。第四件水丞绘田野鸟禽，寓意丰收。此组水丞画面优美，寓意吉祥。

WHITE GLASS WATER CONTAINER IN PAINTED
ENAMEL (4 PIECES)
18TH CENTURY
HEIGHT: 5.7CM　DIAMETER: 4.1CM

白料珐琅彩碗（四件）

〰〰〰〰〰〰〰〰〰〰〰

18 世纪

高 5.7 厘米、口径 4.1 厘米

〰〰〰〰〰〰〰〰〰〰〰

　　此为一组四件造型、大小都一致的彩碗。彩碗为玻璃白料胎，质地洁白，品相良好，无裂痕。彩碗敞口，小腹，圈足。白料胎上施以珐琅彩绘。前两件彩碗以水池水藻为地，一尾金鱼嬉戏其间，代表"年年有余"的寓意。第三件彩碗绘山石花树，两只小鸟停留其上。第四件彩碗主体为一棵松树，一只丹顶鹤站立枝头。丹顶鹤又名仙鹤，在中国古代是长寿的代表，古人常把它和松树绘在一起，作为长寿的象征。此组彩画面优美，寓意吉祥。

WHITE GLASS BOWL IN PAINTED ENAMEL (4PIECES)
18ᵀᴴ CENTURY
HEIGHT: 5.7CM　DIAMETER: 4.1CM

银镀金嵌烧蓝红宝石葫芦挂坠（一对）

19 世纪
高 8 厘米

　　这是一对造型精致的挂坠，挂坠为葫芦形，通体金累丝嵌烧蓝红宝石。葫芦中有嵌烧蓝宝石元宝纹，其上有球形红珊瑚，珊瑚两边镶金黄色垫圈，连接黄色丝绦。云纹下为一周烧蓝装饰，葫芦上、下两节之间饰烧蓝莲瓣纹。挂坠底部配红色珊瑚珠，基下配黄色坠穗。此对葫芦挂坠精致小巧，色彩明艳，有吉祥如意的美好寓意。

A Pair of Gilt Silver Enamel Gourd Pendant
Inlaid with Gems
19th Century
Height: 8cm

金累丝嵌烧蓝宝石梅花形盒

18世纪
高4厘米，直径4厘米

  盒子为梅花形，通体金累丝嵌烧红、蓝宝石。盒配梅花形拱盖，盖上缠绕金累丝瓜藤蔓，周身嵌烧蓝彩色宝石。盖顶金累丝嵌烧两只鸣虫，振翅做对斗状，盖下嵌一周烧蓝彩色宝石。鸣虫动作生动诙谐，神韵自然，做工精巧细致，生活气息浓厚。

GOLD FILIGREED ENAMEL CINQUEFOIL BOX IN-LAID WITH GEMS
18TH CENTURY
HEIGHT: 4CM DIAMETER: 4CM

金累丝嵌烧蓝宝石孔雀摆件（一对）

19 世纪
高 37 厘米

　　该摆件由孔雀和底座两部分组成。孔雀通体金累丝嵌烧蓝宝石，头部回首后望，枕冠直立，冠羽呈宽扇形，颈部、背部为浅绿色，腹部白色，背披金累丝羽毛，尾羽形长而呈凸尾状，跰跖长健。其工艺采用了雕、刻、镂、镶等技法。孔雀抬腿回首望，似倾听后方声音，色彩绚丽，生动逼真，形象传神。

A Pair of Gold Filigreed Enamel Peacock Inlaid with Gems
19ᵀᴴ Century
Height: 37cm

金累丝嵌烧蓝花卉纹罐（一对）

18 世纪
高 12 厘米，口径 8.6 厘米，足径 8.7 厘米

金累丝花卉纹罐，罐口平直，腹部圆鼓，底足圆平外撇。罐口沿处饰一周金累丝烧蓝"V"字形几何纹饰。罐底部饰累丝花瓣纹一周。鼓腹一周通体金累丝嵌烧蓝宝石花卉纹样图案，蓝绿色花朵点缀其间，蝶鸟在树枝花丛中振翅飞舞，景象生动，色彩艳丽，造型华贵，立体感强。

A Pair of Gold Filigreed Enamel Jar Inlaid with Gems
18ᵗʰ Century
Height: 12cm Diameter of Mouth: 8.6cm
Diameter of Bottom: 8.7cm

金胎錾花嵌画珐琅开光西洋人物图执壶

18世纪
高 20 厘米

    执壶为金胎、细颈、圆腹，铜镀金龙首流和如意曲柄，圈足。通体錾花镀金填珐琅釉。盖面有四面开光，内绘花卉图，莲托珊瑚珠盖纽。颈部前、后两面开光，内绘折枝花卉，流及柄和壶身连接处有四面开光，绘山水风景，腹部正、反两面开光，内绘西洋人物图。壶底镀金，前、后两面开光，绘花卉纹。

    画珐琅是由西方引进的技术，普遍流行于乾隆时期。珐琅器以铜胎居多，金胎相对少见。清宫生产的法琅器，胎体厚重、色彩艳丽、细腻。此壶造型沿用明代金执壶样式，采用了欧洲绘画的表现技法，是一件中西合璧的皇家艺术珍品。

GOURD-SHAPED EWER WITH PAINTED ENAMEL
DECORATION
18TH CENTURY
HEIGHT: 20CM

铜镀金累丝嵌烧蓝宝石龙凤纹瓶（一对）

19 世纪

高 20 厘米

    此对瓶瓶口细小，颈细长，腹部鼓起，底部蹙足。瓶为铜胎，通体金累丝嵌烧蓝绿宝石花纹为地。自颈至腹分别盘绕金龙和金凤。龙凤均金累丝细制，昂首甩尾，神情呼应，相映成趣。底部为镀金嵌烧蓝宝石花纹一周。瓶制作精巧，纹饰繁缛，金光灿烂。

GILDED COPPER FILIGREE VASE WITH DRAGON
AND PHOENIX PATTEN AND INLAID WITH GEMS
19TH CENTURY
HEIGHT: 20CM

金累丝嵌珐琅釉子孙万代葫芦瓶

19 世纪

高 15 厘米

　　此葫芦瓶周身以金累丝线盘曲缠绕。瓶盖以金累丝嵌绿釉的葫芦藤蔓枝为纽。通体盘曲茎叶，自纽上有数根长藤与底部小葫芦相连。葫芦瓶周身色彩鲜翠，造型小巧可爱，工艺繁复精致。因"葫芦"与"福禄"音近，葫芦藤蔓有长久连绵之意，故葫芦瓶有子孙万代，福禄连绵不绝的美好寓意。

GOLD FILIGREED ENAMEL GOURD VASE INLAID
WITH GEMS
19TH CENTURY
HEIGHT: 15CM

金累丝嵌烧蓝双龙耳三足炉（一对）

19 世纪

高 22 厘米，宽 16 厘米

　　此为一对仿古双耳三足香炉。香炉有盖，盖为向下扣碗形，通体金累丝镂空花纹，盖上镶嵌三朵烧蓝花卉，花卉中心嵌红珊瑚。盖顶嵌金累丝莲花瓣。香炉腹部为不规则圆球形，通体金累丝嵌烧蓝宝石，主体图案为仿古烧蓝兽面纹，纹饰威严神秘。腹底以烧蓝云纹为地，口沿处镶嵌红珊瑚珠。香炉双耳为两条四爪飞龙，通体金累丝嵌烧蓝宝石，形态高贵大方。香炉三足为兽面蹄形，线条流畅自然。兽首嵌红珊瑚，圆目突出，形象生动。整体造型奇特，工艺精湛。

A PAIR OF GOLD FILIGREED ENAMEL INCENSE-BURNER
INLAID WITH GEMS
19TH CENTURY
HEIGHT: 22CM WIDTH: 16CM

铜镀金嵌松石夔纹扁壶

○○○○○○○○○○○○

18 世纪

高 20 厘米

○○○○○○○○○○○○

　　此壶圆口，短颈，扁圆腹，长方形圈足，肩部附金累丝嵌松石 S 形双耳。壶身用铜镀金施天蓝色绿松石为地嵌宝石绕夔龙纹，颈、足部饰铜镀金回纹。扁壶造型仿战国铜器。清乾隆时期是我国掐丝珐琅工艺发展的鼎盛期，当时制造了众多涉及宫廷祭祀、陈设和生活用品等各个方面的珐琅制品，在制作工艺上精益求精，不惜工本，从而形成了"厚重坚实、金光灿烂"的乾隆时期掐丝珐琅器的风格特点，后世影响深远。

GILDED COPPER FLAT KETTLE WITH DRAGON PATTEN AND INLAID WITH GEMS
18TH CENTURY
HEIGHT: 20CM

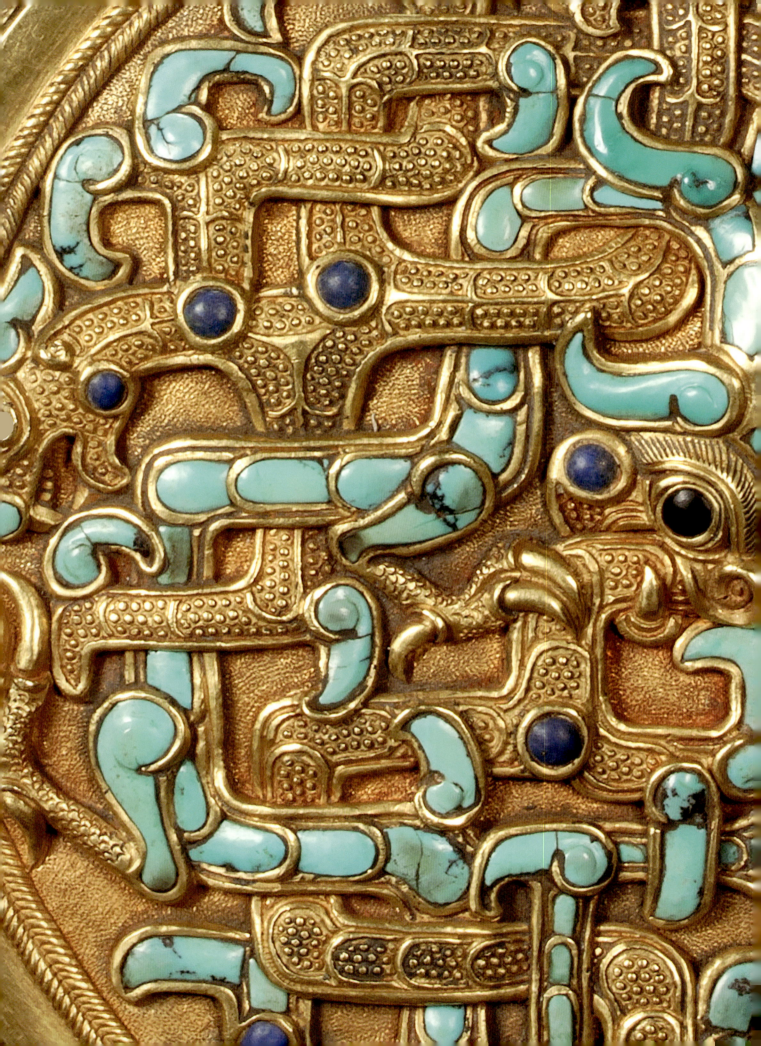

金累丝嵌烧蓝宝石琴棋书画盖罐

18 世纪
高 14 厘米，口径 7.5 厘米，底径 7.9 厘米

　　盖罐为圆筒式，盖平底平。盖部镶金累丝嵌和田玉圆雕牌，盖顶中心嵌宝石小纽。盖下饰一周金累丝嵌烧蓝如意云头，云头下镶嵌一周红、蓝、绿色宝石。罐顶和罐底各饰一周烧蓝如意云头，盖通体金累丝嵌烧蓝宝石，以琴棋书画图案装饰，画面鲜艳生动，造型精巧别致。

GOLD FILIGREED ENAMEL JAR INLAID WITH GEMS
18TH CENTURY
HEIGHT: 14CM DIAMETER OF MOUTH: 7.5CM
DIAMETER OF BOTTOM: 7.9CM

白料胎粉彩八仙人物鼻烟壶

18 世纪
高 8 厘米，腹径 5 厘米

　　鼻烟壶圆口，短颈，溜肩，腹圆鼓下垂，矮平足，顶盖
为花丝宝珠式盖纽。口沿下绘制一圈彩色莲瓣纹，主题图案
为中国著名的人物题材"八仙过海"人物图，笔触精道，刻
画细腻，人物形象灵动传神，色彩多样。

WHITE GLASS SNUFF BOTTLE IN PAINTED ENAMEL
WITH DESIGN OF EIGHT IMMORTALS
18TH CENTURY
HEIGHT: 8CM WIDTH: 5CM

白料胎彩绘四老图鼻烟壶

18世纪
高7厘米，腹径4.5厘米

    该鼻烟壶为圆口、直颈、溜肩垂腹、矮平足，形制标准规矩，料胎洁白纯净，细腻凝润。主题纹样为中国传统人物图中的"四老图"，以粉彩淡描的技法刻画出宋代四大书法名家休闲娱乐的场景，人物刻画神异，栩栩如生，生活情趣浓重。

    玻璃胎画珐琅工艺是清宫造办处研制成功并取得卓越成就的新型工艺品种，始自康熙朝，盛于乾隆朝。尽管它艺术性很高，深受帝王的喜爱，但由于制作难度大，因此数量稀少。该鼻烟壶做工考究，精美细腻，为同类作品中的佳作。

**WHITE GLASS SNUFF BOTTLE IN PAINTED ENAMEL
WITH DESIGN OF FOUR WORTHIES
18TH CENTURY
HEIGHT: 7CM WIDTH: 4.5CM**

彩色套料莲池飞禽纹鼻烟壶（四件）

19 世纪
高 7 厘米，腹径 5 厘米

    此组鼻烟壶均为圆口、短颈，溜肩，矮平足，顶盖为花丝宝珠式盖纽。主题纹样为飞禽与莲池纹，色彩艳丽多样，技法精湛。

    鼻烟壶采用套料技法，套料是指由两种以上玻璃制成的器物。据史料记载，在康熙时期已有套玻璃这一品种。它的制作工艺有两种：一是在料胎上满套与胎色不同的另一色料，之后在外套的这层料上雕琢花纹；一是用经加热半熔的色料棒直接在胎上做花纹。

GLASS SNUFF BOTTLE WITH OVERLAY
DECORATION EMBOSSED WITH BIRDS (4 PIECES)
19TH CENTURY
HEIGHT: 7CM DIAMETER: 5CM

鎏金花丝镶嵌 "太平有象" 摆件（一对）

18 世纪
高 16 厘米

　　这是一对太平有象摆件，摆件的形制、颜色相同，两只大象相对而立，左右对称。象鼻向上卷起，金黄色的象牙向前伸出，双眼突出，象尾下垂，四足着地，给人以厚重威武之感。象背驮马蹄形鞍，周边饰圆珠一圈，中间饰累丝花卉纹。鞍上驮塔形宝瓶，塔形宝瓶中空，底座嵌红、蓝宝石一周，顶首各嵌红宝石珠一颗，四角有金铃垂摆。摆件通体镶嵌鎏金花丝，做工精细，造型奇特、雍容华贵。唐代诗人温庭筠《长安春晚》诗曰："四方无事太平年，万象鲜明禁火前"。"太平有象" 摆件多被宫廷皇室陈列安置于厅堂案台，以求四海升平，吉祥安宁，基业永固。

AN GOLDEN ELEPHANT WITH A VASE ON ITS BACK,
SYMBOLIZING PEACE (2 PIECES)
18TH CENTURY
HEIGHT: 16CM

青金石太平有象摆件

18 世纪
高 54 厘米、宽 22 厘米

此摆件为青金石圆雕转首卷鼻大象，象首饰金缨络，象背饰铜胎湖蓝地掐丝珐琅云蝠纹鞍垫。垫正中驮掐丝珐琅宝相花纹宝瓶，宝瓶敞口，鼓腹，托于莲花宝座之上。瓶中插金腾云纹屏架，架上衬红玛瑙升月屏一块，屏两侧衬月牙钺。此摆件寓意"太平有象"，为宫廷日常陈设器。

太平有象为传统吉祥纹样，即天下太平、五谷丰登。因"瓶"与"平"同音，故吉祥图案常画象驮宝瓶，瓶中插有花卉作装饰。因象寿命极长，被人视做瑞兽，也喻好景象。宝瓶，传说观世音的净水瓶，亦叫观音瓶，内盛圣水，滴洒能得祥瑞。"太平有象"形容"河清海晏，民康物阜"。

An Lapis Lazuli Elephant with a Vase on Its Back, Symbolizing Peace (2 pieces)
18TH Century
Height: 54cm Width: 22cm

铜烧蓝花鸟纹长方烟盒（五件）

18 世纪

长 12.7 厘米，宽 8.8 厘米，厚 2.4 厘米

此组烟盒为铜胎镀金烧蓝，长方形，形式规格一致，均呈拱背坡肩长方形，盒从中分启，有暗纽控制。五件烧蓝盒图案色泽各异，以百花不露的形式彩绘各种花鸟纹，纹饰紧密华丽，构思设计严谨，为清代广东外贸定制精品。

COPPER RECTANGULAR CIGARETTE CASE DESIGN
WITH FLOWERS AND BIRDS (5 PIECES)
18TH CENTURY
LENGTH: 12.7CM WIDTH: 8.8CM THICKNESS: 2.4 CM

料胎异形珐琅彩花蝶纹鼻烟壶（二件）

19 世纪
高 7 厘米，腹径 4.8 厘米

　　鼻烟壶圆口，扁腹，多边形腹，矮平足。造型精美小巧，新颖别致。主题纹样为开光花蝶纹样，辅以细碎的卷草纹，构图繁复，细密精致，多彩多变，笔法娴熟。玻璃胎画珐琅工艺是清宫造办处研制成功并取得卓越成就的新型工艺品种，始自康熙朝，盛于乾隆朝。尽管它艺术性很高，深受帝王的喜爱，但由于制作难度大，因此数量稀少，可谓凤毛麟角，稀世之珍。该鼻烟壶做工考究，精美华丽。

GLASS BOIDED SNUFF BOTTLE WITH FLOWER AND
BUTTERFLY DESIGN IN PAINTED ENAMEL (2 PIECES)
19TH CENTURY
HEIGHT: 7CM DIAMETER: 4.8CM

掐丝珐琅梅花式盆松石梅花盆景

19 世纪
高 30 厘米，盆高 6 厘米，口径 10 厘米

　　盆中主景为梅花，樱木为树干，松石花瓣，红心金蕊，花形逼真，或含苞，或怒放。盆为掐丝珐琅梅花式盆，通体湖蓝地，边缘及盆腹饰掐丝彩绘勾莲宝相花纹，外壁作花边式开光。盆景构思精妙，景致清高舒雅。梅花是古代传统的吉祥花卉，盆景中以梅花为主景的不在少数，寓意"春光长寿"。清代南方盆景多用此式样。

POTTED LANDSCAPE OF PLUM BLOSSOM IN A
CLOISONNE ENAMEL BASIN
19TH CENTURY
HEIGHT: 30CM BASIN HEIGHT: 6CM DIAMETER:
10CM

掐丝珐琅梅花式盆松石梅花盆景

18世纪

高 35.5 厘米，底径 7.2 厘米

　　盆中主景为梅花，沉香木为树干，玉石小叶，松石花瓣，白心金蕊。盆为掐丝珐琅梅花式盆，宽沿，通体湖蓝地，边缘及盆身饰掐丝彩绘什锦花卉，外壁作花边式开光。松石色泽纯正，盆景造型意态生动，精致典雅。梅花是清代盆景广泛采用的花卉，寓意"梅寿长春"或"梅寿万年"。清代宫廷陈设所用盆景大多是以金玉珠宝制作的像生盆景，以衬托宫廷生活环境的堂皇富丽，且往往带有明显的吉祥寓意，成为宫廷文化不可缺少的组成部分。

POTTED LANDSCAPE OF PLUM BLOSSOM IN A CLOISONNE ENAMEL BASIN
19TH CENTURY
HEIGHT: 30CM BASIN HEIGHT: 6CM DIAMETER: 10CM

掐丝珐琅方胜式盆玉石花卉盆景

18世纪
高19厘米，底径9×4厘米

　　铜胎掐丝珐琅方胜式盆，盆体通体白地，掐丝勾莲宝相花纹。盆中以翡翠、白玉、玛瑙等玉石组配成天竺、什锦花鸟景，寓意"群仙祝寿"。盆景设计精妙，景致优美，色彩缤纷，玲珑珍奇，是清代室内像生盆中的佳作。

POTTED LANDSCAPE OF FLOWERS IN A
INTERSCECTING-LOZENGE-SHAPED CLOISONNE
ENAMEL BASIN
19TH CENTURY
HEIGHT: 19CM LENGTH OF BOTTOM BRIM: 9×4CM

画珐琅福寿安宁如意

18 世纪
长 39 厘米

　　此如意为铜胎，材质厚重。铜胎饰画珐琅，通体黄釉地。如意首中为灵芝形状，正中绘蓝釉团寿字，寿字四周彩绘八宝纹。如意中柄鼓起，彩绘八宝纹及"万寿安宁"等篆字。

　　八宝纹为中国传统吉祥纹饰。常见的有和合、鼓板、龙门、玉鱼、仙鹤、灵芝、磬、松。道教把八仙手持的八种器物，作为记教八宝的符号，佛教中则用"八吉祥"作为八宝的符号。

Painted Enamel Ruyi-sceptre Carved with Characters "Fu Shou An Ning"
18th Century
Length: 39cm

百宝嵌福寿白玉如意

19 世纪
长 44 厘米

　　和田白玉制灵芝首宽柄如意，如意通体用彩色宝石，以百宝嵌工艺嵌绘出竹、灵芝、蝙蝠、桃、寿石等纹饰，寓意祝祷福寿之意。此柄白玉如意玉质密实白晰，彩色宝石色泽艳丽精润，是皇亲贵族祝寿时敬献的吉祥物品。

WHITE JADE RUYI-SCEPTRE INLAID WITH VARIOUS
GEMS
19TH CENTURY
LENGTH: 44CM

金累丝烧蓝玉蝠捧寿如意

18 世纪
长 30 厘米

　　金累丝镂空菊纹锦地如意，灵芝首瓦及柄中柄尾均饰烧蓝彩绘"玉蝠捧寿纹"。柄边饰烧蓝云蝠纹。如意造型精美，累丝流畅细密均匀，工艺精致华丽，是清代宫廷中祝寿用的典型器物之一。

Ruyi-sceptre of Gold Filigrees Carved With Bat and Cloud Design
18th Century
Length: 30cm

金累丝嵌宝石小如意（十二柄）

18世纪
高7厘米，腹径4.8厘米

　　金累丝宽柄拱腰小如意，一组十二柄，形制花纹相同。灵芝形首瓦、拱腰、宽尾。在菊纹金累丝锦地上，首瓦正中錾双喜字，字中錾红宝石一粒，双喜两边各嵌烧蓝硕桃一枚。柄中饰烧蓝缠枝葫芦，柄尾饰烧蓝如意纹。造型精美、工艺精巧。

　　如意是一种象征祥瑞的器物，由古之挠痒工具、前端作手形的爪杖发展而来。头多作灵芝形或云形，柄微曲，供指划、赏玩。清代因其吉祥寓意，是王公大臣祝贺皇室寿辰的首选，常为礼单之首。宫寝之中常以如意装饰，帝王肖像画中亦有见有手执如意。

RUYI-SCEPTRE OF GOLD FILIGREES INLAID WITH GEMS (12 PIECES)
18TH CENTURY
LENGTH: 30CM

银镀金年年有余团扇

19 世纪
长 33 厘米

　　扇为银镀金团形框，扇面框内为累丝菊纹锦地，锦地上遍布鱼藻，三尾红头蓝眼金鱼嬉戏于鱼藻之间，生活气息浓厚。团扇扇面左部镶嵌鎏金提款"年年有余"，与扇面整体意境相契合。扇面下部为花瓣形护托，内嵌莲花。护托下接索花如意素柄，手柄下承红色绦丝穗。团扇色彩鲜丽，题材寓意美好，构图生动逼真。

GILT SILVER FAN INSCRIBED WITH CHARACTERS
"NIAN NIAN YOU YU"(LIVE IN WEALTHY)
19TH CENTURY
LENGTH: 33CM

银镀金烧蓝吉福纹团扇

18 世纪
长 42 厘米

　　这是一件造型别致，工艺精湛的团扇，是古代宫廷中重要的陈设物件。此件团扇扇骨为银胎打造，外表镀金。团扇以錾花烧蓝柱为护柄柱，柱下连镂空烧蓝花卉如意手柄，手柄底部以红线连接绿色宝珠。扇面累丝菊花纹锦地。内框中在累丝菊花纹锦地上镂空烧蓝寿石梅枝花鸟纹：梅花上均嵌各色宝石花心。团扇下部有黄金元宝形护托，绘吉福纹图案。团扇有吉祥如意，福寿无边之寓意。

GILT SILVER FAN DESIGN WITH FLOWERS AND BIRDS
18TH CENTURY
LENGTH: 42CM

金嵌宝石无量寿佛嘎乌龛盒

18世纪
高 9 厘米

嘎乌是藏语译音，为小盒型佛龛，藏传佛教特有的护身符。盒里一般装有小佛像、经文绸片、舍利子、药丸等。一者祈求佛法保佑，护身避邪；二者于修法时可取出供奉。嘎乌形质大小不一，常见金、银、铜三种，男子多用方形，斜挂于左腋与左臂之间，女子多用圆形或椭圆形悬挂于胸前。

此件嘎乌双如音形盒龛，通体累丝，宽沿双边框内勾莲花图案，盒面镶嵌珊瑚、青金石、绿松石、红蓝绿三色宝石。龛内累丝锦纹上为如来佛像，双手结法印，全跏趺坐于莲花托须弥座上，神态祥和。整体刻画细腻，雕饰精美，保存完好。

GA WU (TALISMAN) INLAID WITH GEMS
18TH CENTURY
HEIGHT: 9CM

金錾寿字折角长方盒梅花盆景

18世纪

高18厘米，底径13.3×8厘米

　　錾金角长方形盆，盆上敞下敛，略呈斗形，其口沿及底足錾方折回纹，口沿下凸起如意云纹一周，盆腹以万字雷纹锦为地，凸錾"寿"字一周。盆中主景为梅花树一株，镀金树干，碧玺梅花瓣，松石心，意态生动。树下衬以青金石和白玉制的湖石、金灵芝、点翠叶玛瑙等，置景生动。

　　此景以金为盆，盆壁上錾刻的万字地纹和"寿"字光灿夺目，整体风格富贵热烈，为宫廷中特有的祝寿礼物。

POTTED LANDSCAPE OF PLUM BLOSSOM IN A RECTANGULAR GILT COPPER BASIN ENGRAVED WITH CHARACTER "SHOU" (LONGEVITY)

18TH CENTURY

HEIGHT: 18CM LENGTH OF BOTTOM BRIM: 13.3×8CM

银镀金累丝折角长方盒烧蓝花卉盆景

18世纪
高15厘米，底径6.6×4.5厘米

　　此为银镀金累丝花卉盆景，花盆为银胎、敞口、银累丝镀金折角长方盒，折沿为烧蓝如意纹，嵌各色宝石一周。花盆腹部累丝锦地上开光嵌烧蓝勾莲花纹，下承四个烧蓝垂云足。盆中以金杆为主景，间配烧以菊花造型，花卉疏朗，构思精巧，工艺精湛。

POTTED LANDSCAPE OF FLOWER AND TREE IN A
RECTANGULAR GILT SILVER FILIGREE BASIN
18TH CENTURY
HEIGHT: 15CM LENGTH OF BOTTOM BRIM: 6.6×4.5CM

银镀金累丝折角长方盒烧蓝花卉盆景

银鎏金烧蓝四季花卉梅花形盖盒（一对）

〰〰〰〰〰〰〰

18 世纪

高 17 厘米

〰〰〰〰〰〰〰〰〰〰

　　银胎鎏金梅花形盒，配有梅花形拱盖，盖正中镶嵌镂
花宝顶，周边搭配蓝绿色花卉、绿叶。盒盖、盒身均有开光
竖框，框内分别镶嵌四季花卉及雀鸟纹。花戉上用各色碧玺
点缀，造型奇特，做工精细，纹饰满而不乱，错落精致。是
清代时期宫廷贵族使用的装饰盒具。

A PAIR OF PLUM BLOSSOM SHAPED GILT SILVER
FILIGREE BOX DESIGN WITH FLOWERS
18TH CENTURY
HEIGHT: 17CM

银累丝烧蓝花卉盖碗（一对）

18 世纪
高 8 厘米，口径 7.6 厘米，底径 3.4 厘米

　　这是一对造型、色彩都相同的托盘盖碗。碗为敞口、斜腹、平底，圈足，下有一托盘承接，上覆圆拱盖。碗、盖、盘通体素地，露出银地胎，胎质平滑细腻。银胎上施以烧蓝工艺，以红、绿、蓝料填绘什锦花卉纹。此杯、盘錾丝精致，花卉精丽，色泽浓厚艳丽，是清代后期珐琅工艺饮具中的佳作。

A Pair of Silver Filigreed Bowl with Design of Flowers
18ᵗʰ Century
Height: 8cm Diameter of Mouth: 7.6cm
Diameter of Bottom: 3.4cm

专家简介

宫廷宗教 ：张寿山

军事武备 ：须小龙

生活器具 ：张淑芬

织绣服饰 ：殷安妮

珠宝首饰 ：刘　静

张寿山

1937 年生，故宫博物院副研究员。博宝艺术网玉器鉴定专家，鉴博艺苑收藏品鉴定委员会委员。主要从事玉器研究工作。参加了故宫博物院精品六十卷中的玉器卷图版说明和《中国玉器全集》1-6 册、《文物精华》、《故宫文物大典》、《故宫藏玉》、《百科全书》、《宝玉石》等图册的编写工作。发表《商代玉器的器型种类及用途》、《明清玉器款识种类》、《关于假古玉的识别》等多篇专业学术文章。

须小龙

1951 年出生，毕业于复旦大学历史系。从事文物研究及艺术品收藏鉴赏二作近四十年，主攻古陶瓷、玉器研究。历任中国文物学会鉴定委员会委员，中国收藏家协会常务副主任、副研究员。著有中国国宝系列丛书《中国国宝瓷嚣》，并在全国各类报刊杂志发表学术报告及论文二十余篇。

张淑芬

1939 年生，1966 年毕业于中央美术学院美术史美术理论系。曾先后赴河南洛阳龙门石窟考察并绘图实习，赴广东佛山、增城等地参与考古发掘及研究工作。故宫博物院研究员、北京市工艺美术学会理事、北京市东方收藏家协会鉴定委员、北京市妇女美术家联谊会副秘书长。致力于工艺美术研究工作，专攻文房四宝、杂项。。编写有文房四宝鉴赏及收藏专著。先后到日本、美国、德国、法国等多国进行文化学术交流。

殷安妮

致力于工艺美术研究，专攻中国古代服饰研究与鉴赏专业。编著《清宫服饰图典》一书，发表有《清帝行服叙要》、《清代宫廷的织绣活计》、《清代宫廷便服综述》、《清代宫廷氅衣探微》、《晚清宫廷氅衣与衬衣异同比较及其工艺释析》、《针黹绘锦绣　虔诚礼佛心——满绣唐卡艺术琐谈》、《清宫书籍经卷装裱用锦》、《锦绣之中有乾坤——织锦、彩织书画、门帘、衬衣类文物》、《故宫藏广绣精品赏析》等多篇专业学术文章。

刘　静

1950 年生，毕业于北京大学历史系。故宫博物院副研究员、博宝鉴宝网特邀专家、中国宝玉石学会会员、《鉴宝》栏目特邀杂项专家。相关著作有《古玩辨伪指南》竹木牙角章、《中国历代工艺珍品鉴赏》竹木牙角类、《中国文房用具》、《故宫雕刻精萃》、《故宫 60 卷·竹木牙角卷》副主编分写 187 篇说明文、《古物鉴真》竹木牙角类主编、中国文物大百科》竹木牙角类主编。发表文章有《竹雕在明清两代的发展》、《清宫象牙雕刻》、《清宫如章》、《犀角大观》、《明末清神竹刻浅淡》等。

后记

江水流光，古风依然。作为新建业集团主席的吴立胜先生，厚德明仁，眷顾桑梓，反哺公益，屡捐巨资于国内文化、教育、医疗、慈善等事业，以及联合国世界扶贫项目，获联合国"杰出贡献奖"等许多殊荣。在吴先生执掌下的新建业集团秉承保护文化遗产、大力发展文化事业这一理念，长期致力于文物艺术品征集收藏，所获非凡。其藏丰富、品类繁多、典雅富贵、流光溢彩。本卷所呈仅为"冰山一角"，后将有不同品类藏品图书陆续面世。我们希望籍此图书的出版为繁荣中华文化、提升大众品鉴水平、保护传承中华文化尽心助力。

衣带渐宽终不悔，为伊消得人憔悴。在传承、发扬中华文化这条任重而道远的路上，吴立胜先生及新建业集团，几十年如一日，孜孜以求。美国、韩国、日本、俄罗斯、蒙古等国……他的足迹踏遍天涯海角，心中只为那些流落在外的中华血脉。

漫漫长路，笃而弥行。经过对藏品反复的筛选、修整，汇而成集，编以成册。惟愿慈作飨读者，慰同志，勉同行。在此，诚挚地感谢参与鉴别文物的诸位知名专家，以及国家文物出版社的鼎力支持。最后，愿此书能够激励更多热爱中华文化的有志之士一齐参予到了解、关心、保护、传承和发扬中华文化艺术的大队伍中！

赵兵